浪漫 中国

精品购物指南报社　编著

清华大学出版社
北京

图书在版编目（ＣＩＰ）数据

浪漫中国 / 精品购物指南报社编著. —— 北京: 清华大学出版社, 2014
（乐游中国）
ISBN 978-7-302-34871-9

Ⅰ. ①浪… Ⅱ. ①精… Ⅲ. ①旅游指南 – 中国 Ⅳ. ①K928.9

中国版本图书馆CIP数据核字(2013)第310931号

责任编辑：纪海虹
封面设计：郭宏观
版式设计：尹　爽
责任校对：王凤芝
责任印制：杨　艳

出版发行：清华大学出版社
　　　　　网　　址：http://www.tup.com.cn，　http://www.wqbook.com
　　　　　地　　址：北京清华大学学研大厦A座　　　邮　　编：100084
　　　　　社 总 机：010-62770175　　　　　　　　邮　　购：010-62786544
　　　　　投稿与读者服务：010-62776969，c-service@tup.tsinghua.edu.cn
　　　　　质量反馈：010-62772015，zhiliang@tup.tsinghua.edu.cn
印 刷 者：北京鑫丰华彩印有限公司
装 订 者：三河市新茂装订有限公司
经　　销：全国新华书店
开　　本：148mm×210mm　　印　张：5.25　　　　字　数：173千字
版　　次：2014年5月第1版　　印　次：2014年5月第1次印刷
印　　数：1~4000
定　　价：35.00元

产品编号：049415-01

精品購物指南 报社
LIFE STYLE

编 委 会：张书新 李　文 王明亮
　　　　　徐　方 谷玉恒 乔福刚
　　　　　郭有祥 管　洁 赵跃红
主　　编：徐　冰
执行编辑：邱　卉

TOP TEN INTERNET POLL
ROMANTIC SPOTS

10大网络票选
最佳浪漫地

蜈支洲——如画情人岛　竟夕起相思

丽江——古镇心柔软　邂逅情意绵

香格里拉——爱情伊甸园　逍遥乌托邦

鼓浪屿——细品慢生活　挥霍爱时光

九寨沟——神仙与眷侣　相守于仙境

张家界——哈利路亚山　赐予爱力量

西湖——情人比西子　千古传佳话

外滩——黄埔两相望　怀旧亦摩登

凤凰古城——凤凰浴爱河　为你等千年

阳朔——山水甲天下　绣球定终身

蜈支洲
——如画情人岛 竟夕起相思

撰文、图片/王珊 宋涛 杨宁

到三亚旅行，心里最惦记的就是蜈支洲。一路上都看到这条广告语"中国有个海南，海南有个蜈支洲"。可见，这个方圆1.48平方公里的小岛承载了太多的期望。有人说蜈支洲是中国的马尔代夫，哪里像哪里不像都不重要，你懂它，它就是天堂。

浪漫中国

·入榜理由·

乘快艇登上中国的马尔代夫"蜈支洲岛"吧，这是世界上为数不多的没有礁石、鹅卵石混杂的海岛，是国内最佳度假基地。晚餐一边品尝海南独特的海鲜风味餐，一边欣赏东南亚大型的异国风情歌舞表演。抵达兴隆，漫步在"兴隆热带植物园"，能见到种类繁多的各种植物，不要忘记深呼吸，这儿绝对是超一流的天然大氧吧。

乐游TIPS
Tour TIPS

1. 蜈支洲岛消费较高，可以自备饮食上岛。

2. 自由行推荐在网上找信誉高、口碑好的一日游店铺，定包含来往接送车、登岛船票、门票的一日游项目。一般早8点出发，下午2点返回三亚市区。

3. 有条件的游客可以在蜈支洲岛住宿一晚，将是不一样的体验。

4. 登蜈支洲岛对天气要求较高，遇台风天气码头将关闭。

5. 岛上水上项目收费较高，游客可以提前了解，并根据自身情况在蜈支洲岛官方网站（http://www.wuzhizhou.com/）订好项目，可得到很多优惠。

◎ 交通

公交车：酒店——蜈支洲岛

一日游：免费导游，车接车送

◎ 住宿

私密酒店——悦榕庄

五星级酒店——凯宾斯基酒店、万丽酒店、蜈支洲岛中心大酒店等

◎ 旅游预算

5000元/人起

乐游随笔
Tour Essay

阳光海浪情人手牵手

从三亚出发1个小时左右车程到达蜈支洲的码头。登船，海风渐起，波涛翻滚浪花飞腾，头顶海鸟的翅膀划过天际。靠岸，中国最美的岛屿就在眼前。明晃晃的阳光洒在洁白的沙滩上，晃得眼睛都有些睁不开，清可见底的海水拨动着白色的珊瑚碎块，涌向岸边。珊瑚碎块有些扎脚，可远观不可亵玩的海滩呀。成群的热带鱼聚在栈桥下，大概手掌长的小鱼看起来得有上千条，引来啧啧惊叹。站在岸边，远望那海水，层层的蓝色和绿色一直晕染到天边。

蜈支洲岛又名情人岛，传说古时候，一个小伙子和龙王的女儿日久生情，龙王因此恼怒，把龙女关在海底。但痴情的龙女终于逃脱龙宫回到小伙子身边。当他们见面时却被追来的龙王变成了石头，永久屹立在蜈支洲岛。也许正因为这痴男怨女的美丽传说，蜈支洲才在恋人的心中有如此分量。很多拍婚纱照的新人纷至沓来，把幸福的笑脸印在如画美景中。

潜入海底世界与鱼共舞

蜈支洲水上运动很多，有海钓、滑

水、摩托艇、香蕉船、独木舟、沙滩摩托车、水上降落伞，等等。一定要尝试的是潜水，在那蔚蓝迷人的海平面下，另一个奥妙的世界如童话般引人入胜。

随着教练下潜，大片大片的珊瑚逐渐清晰，还有一丛丛黑色的海胆，看起来张牙舞爪十分霸道。一会就从珊瑚丛中钻出很多热带鱼，有的三五结伴，有的十几条成群。有的是家庭水族箱中常见的品种，有的通体反光、闪闪发亮从未见过。小鱼们十分机灵警觉，既对人充满了好奇，在你身边穿行，又保持了一定的距离，明明伸手能够抓到，它们一摆尾就游到了一边。在岸上的时候教练特意提醒，海里的生物不能随便摸，因为游客不容易分辨出哪里存在危险。

乐 "游"
Tour

心灵氧吧——呀诺达雨林文化旅游区

雨林中生长着大片的原始森林和次生林，据说这里有1400多种乔木、140多种南药、80多种热带观赏花卉和几十种热带瓜果。在北方难得见到的参天巨榕、海南油杉、野生槟榔、油棕、松类和大叶类植物随处可见，而绞杀现象、空中花篮、老茎生花、高板根、藤本攀附、根抱石这海南热带雨林中的六大奇观，更是让人叹为观止。雨林中行走，如同走在天然的大氧吧中，闭上眼睛，听耳边传来流动的水声，享受大自然的最佳馈赠。

地址：海南省三亚保亭县三道镇

◎ 门票

130元/人，往返游览车票40元/人

◎ 交通

每天有专线班车，往返于景区与市中心，停靠站为：三亚明珠广场、大东海银泰酒店、亚龙湾沿线酒店、三亚湾沿线酒店，需要提前预订。往返车费20元/人。

◎ 住宿

呀诺达雨林一号度假酒店——感受雨林生态自然风光，天然氧吧远离喧嚣。

◎ 客房

仅有23间客房，分为高级标房、豪华标房、商务套房、豪华套房。

电话：0898-83883333、83881101

TIPS

进入雨林区，几乎都会碰到下雨，建议自备雨伞，雨林入口处和里面随处都在卖一次性雨披的摊位，不用担心被淋到。

绿色百科——兴隆热带植物园

植物园占地5800亩，拥有热带经济作物、林木及各种园艺植物，保存着许多中国特有的野生植物和珍稀物种，并引进了多种国外名贵热带植物种类。兴隆热带植物园园区的面积很大，想要步行游遍园内各个角落，至少要花上一天的时间。

兴隆的一大旅游特色就是晚上的泰国红艺人表演，以往需要走出国门才能看到的表演，在当地就能欣赏到。兴隆温泉也是热门的旅游项目，温泉区域更像是天然的大公园，里面有30多个大小不一、

功能各异的温泉浴池，面朝大海，背靠椰树，令人心旷神怡。

地址：万宁市兴隆镇南部223国道

◎ 门票

　　60元/张

◎ 交通

　　在海口南站、海口美兰国际机场和三亚汽车站、三亚凤凰国际机场乘车，从东线高速公路均可到达；环岛高速公路有海汽快车和旅游专线车往返。

乐"吃"
Eat

品热浪风味——第一市场

　　第一市场算是三亚最有名的市场，好多来旅游的人都会选择来这里购买水果和海鲜，可能正因为如此，整体价格都很高，但胜在品种多、新鲜又好吃。

　　进入海鲜市场的时候，人挤人簇拥着奔向一个个海鲜摊，每个卖海鲜的小贩都非常热情，会和你一起挑选新鲜的海鲜，还帮着后期加工，直接就可以端上桌了，非常方便。吃海鲜无非就是白灼、清蒸或者红烧，而加工费是明码标价，总价算下来还是蛮可观的，基本上和海鲜的购买价有得一拼。在这里一定要学会砍价，几乎可以砍掉40%左右。

地址：三亚市区新建街155号

完美绝配——抱罗粉和清补凉

　　抱罗粉分为汤粉和干粉两种吃法，挨着店门口摆着一口大锅，熬着浓浓的骨汤，点餐后，师傅把之前半加工后的米粉沥干水分，加入猪肉、牛肉、猪肚、猪肠、花生等配料，最后打一勺滚烫的骨汤盖过米粉，再洒进少量胡椒粉，一碗抱罗粉就大功告成。

　　清补凉算得上海南最具特色的冰爽甜品，在一碗清补凉中你能看到十多种原料，红豆（绿豆）、薏米、花生、空心粉、椰肉、红枣、水果粒、葡萄干等，当然最不可少的就是新鲜椰肉榨出来的椰奶，满满当当的一大碗。最后加上几块冰块，入口第一感觉冰爽，随后是浓浓的椰奶香，碗中其他的原料滋味也相当不错，而这一碗只要6元钱，超划算啊。

店名：正宗抱罗粉

地址：三亚市河西路34号（近第一市场北出口）

TIPS

1. 第一市场的关门时间是晚上七点，最好提前留出足够的时间；

2. 买虾之类装在袋子里称斤的海鲜一定要把袋子里的水放干净；

3. 最好不要买水蟹，几乎吃不到什么蟹肉；

4. 吃海鲜的时候可以在第一市场外面买鲜榨的果汁，一扎25元，完全是新鲜水果榨出来的，很超值；

5. 海鲜加工费一定要砍价，否则会比买的海鲜价格还高。

乐"购"
Purchase

购物天堂——三亚免税店

三亚免税店是海南第一个"离岛免税"定点购物商场，总体营业面积7000平方米，主要经营香水、化妆品、首饰、手表、服装、皮具、箱包、太阳镜、旅行用品等近百个国际知名品牌的上万种商品，包括迪奥、香奈儿、兰蔻、雅诗兰黛、登喜路等世界顶级品牌，也涵盖了"离岛免税"规定的18大类商品。

三亚免税店进口商品零售价将与香港同类商品持平或略低，并低于国内有税价格约15%~35%。按每名游客购买5000元商品计算，每名游客能获得的优惠为最低750元、最高1750元，而从北京到三亚，如果是淡季，机票也不过千余元。

对于内地大多数居民而言，到海南旅游只需带上身份证即可，不必像去香港一样办理"港澳通行证"。尤其是异乡客，办理"港澳通行证"则更为麻烦。当然，刚刚升级为购物岛的海南，在购物方面仍有不足，5000元的限额限制了不少人的购物热情。

地址：三亚下洋田榆亚大道19号

丽江

寻觅最后一片柔软 邂逅浪漫奇缘

撰文、图片/张启晶 方若欣

　　丽江，是情人们心中最后一片柔软，携手来到这里，发现连时间都静止了，于是就选择停下忙碌的脚步，决定把心或人留在这里。每一家客栈、每一间酒吧，都有一个属于他们的爱情故事，情节各不相同，但情意依旧浓……

·入榜理由·

这里是新人们的蜜月梦想。丽江，并不大，也并不复杂，最适合两个人散漫的舞步，由着性子胡乱闯荡。丽江古城、黑龙潭、玉龙雪山、束河，每一处，都是让语言羞涩的美好。蜜月，奔赴丽江。在那些弥散着神力的地方牵手，生长出坚定而悠长的力量。

乐游TIPS
Tour TIPS

1. 丽江属高原型西南季风气候，气温偏低，昼夜温差也很大，雨水也很多。来丽江旅游，最好带上保暖的衣服，雨伞和防晒霜也必不可少。

2. 去束河，也不要放过路两旁的风景，就在丽江租上两辆单车，一天10元，划算得很。在吃饱喝足蛮有力气的上午，像学生时代的两个顽童般，骑了车就走，随时下车拍个照片，倒是很独特的风景。

◎ 交通
    飞机：北京——昆明
    大巴：昆明——丽江

◎ 住宿
    丽江古城客栈：腻烦了喧嚣的城市人，躲避人间烟火的地方。

◎ 旅行预算
    5000元/人起

乐游随笔
Tour Essay

神仙般的逍遥时光

云南，是一个让人心心念念向往的地方，这里代表一种生活，一种无欲无求、男耕女织、让人感动的淳朴生活。这个地方包容性很强，适合一个人独自背包游荡，也能接受搭伙同行的热闹气氛，各种皮肤、各种语言在这里汇聚，无非只是想寻找心灵上那一方乐土。

放下行囊，就能在古城闲逛了。这里保留了大片明清年代的民居建筑，来到这儿仿佛就是为了感受当地民间风情，土

木结构的瓦屋面楼房，多数为三坊一照壁，也有不少四合院，融合了纳西、白、汉等民族建筑艺术的精华，当然少不了精雕细琢的花鸟图案，少了这些元素就等于少了灵魂。这里的居民都喜欢在庭院种植花木，摆设盆景，无户不养花，无户不流水，这便是典型的高原水城风貌。古城的泉水富有音韵，清澈的泉水分三股主流穿城而过，在城区又变幻成无数支流，穿街走巷，入院过墙，流遍千家万户。

夜幕降临，在古城的大石桥边，酒吧街将大红的灯笼高高挂起，无数的红男绿女穿梭在婀娜的垂柳边，踏在连接两岸的木桥上。当寂寞遇上了酒吧，它也许会如气泡般烟消云散，更何况，有时总得放浪形骸一把。在这里会遇上酒吧街特有的对歌，伴着纳西女子的歌声，不论年龄，不分男女，不顾嗓子是否好坏，隔河相望

的客人们，借着酒性，如同对擂般，叫上阵来。当至酣处，他们像青春期的孩子般尖声大叫，平日的拘谨早已抛开。如果看过《一米阳光》，想重温当年的心动，你可以去"阳光和酒吧"。在酒吧街，你可以选择以西餐著名的"小巴黎"或日韩风格的"樱花屋"，在那里，你还可以听到主人动人的异国恋故事。

甜蜜定格

住一天纳西人家——丽江的客栈多如牛毛，要想体验古意，建议还是找纳西人开的客栈小住，看看院子里的植物和山货，和老板聊聊家常，感觉很亲切。

陶醉在古乐里——丽江每天都有纳西古乐的表演，如果你对原生态感兴趣，不妨去聆听一下原始的曲调和旷野的歌声。

扎西客栈听故事——扎西客栈是里格村最著名的客栈，这里有"走婚王子"扎西，据称他是里格第一帅哥，每天都会在自己客栈的酒吧陪客人聊天，讲摩梭人的故事。

学习摩梭人去转海——每到初一、十五或初五、二十五，摩梭族的姑娘、小伙子们相约来到泸沽湖过传统节日"转海节"，要是七夕去，更别有一番滋味。

乐"游"
Tour

神交马语者——束河茶马古镇

位于丽江古城西北四公里处，是纳西族先民在丽江坝子中最早的聚居地之一，也是"茶马古道"上保存完好的重要集镇。所谓茶马古道，实际上就是一条地道的马帮之路。它是青藏高原上一条异常古老的文明孔道，也是人类历史上海拔最高、通行难度最大的高原文明古道，是迄今我国西部文化原生形态保留最好、最多姿多彩的一条民族文化走廊。游束河茶马古镇，似乎是重走茶马古道，体验一下马背上的生活，到了丽江，这是必然要去尝试和游历一下的。

神秘纳西人——东巴大峡谷

进得玉水寨区，这片遗存的古老村落及寺院，依傍大山而建。以纳西族人古老文化语言、宗教习俗传承至今。纳西民族总人口不到30万，有着神秘的力量，纳西族文字之所以称为东巴文字，是因为纳西族的文化传播者是东巴。东巴是纳西族的智者，也是纳西族的巫师和祭司。东巴一般是子承父职的，东巴文化正是在这些东巴一代一代的传递中才得以保存和发展起来。古村落与东巴寺庙相邻，长老们依旧守着纳西族人的古老习俗，生活在这片天空下，悠然自得地享受田原牧歌般闲散的时光。

荡气回肠——《印象·丽江》

张艺谋的大气之作《印象丽江雪山篇》全篇分《古道马帮》、《对酒雪山》、《天上人间》、《打跳组歌》、《鼓舞祭天》和《祈福仪式》共六大部分。这场演出其实没有什么具体的故事情节，只是粹取了本地少数民族的一些习俗，运用歌、舞、服装等向游客们展示出丽江古老的历史文化与风俗习惯。

想要真正地感受这场撼动心灵的演出，一定要亲自坐在这个环形的剧场里，面对不断变化的玉龙雪山，用眼睛、用耳朵、用心灵去聆听，去感受那五百多名土生土长的高原儿女们带来的精神盛宴。

充满着纳西特色的音乐在整个剧场回响，突然一群骑着当地矮马的汉子从你身后奔向舞台正中，他们高喊着，响着尖亮的口哨，那一刻你便置身那条充满着艰险的茶马古道，恨不得自己也可以飞身上马，追随他们一道离开。这里没有麦克风，没有扩音器，有的只是回荡山谷的嘹亮歌声，有的只是你深深的灵魂感动而泪湿衣衫。

乐 "吃"
Eat

丽江小吃一箩筐

◎ 丽江鸡豆粉

这是在丽江品尝到的一道特色美食，鸡豆粉，由盛产于当地的鸡豆做成。和北方拉皮有很大的区别，没有那么黏，还很爽口，和四川的川北凉粉又很相似，总之到丽江肯定不能错过这道美食。在丽江随处可见，绿色的鸡豆，经过磨浆，沉淀，煮制，待冷却后做成鸡豆粉，口感糯软，酸辣。

◎ 丽江糍粑

有很多种颜色，一个个看上去好可爱，有点像是驴打滚。里面是豆沙馅的！

◎ 乳扇

大理的特产，丽江、大理离得那么近，自然丽江也有这道美食，其实乳扇就是牛奶风干后的皮，用油炸了后，蘸着果酱吃是最爽的，不过因为有股奶味，有很多人都吃不惯。

◎ 蜂蛹

千万别觉得奇怪，真的是可以吃的蜂蛹，油炸过后更爽，外焦里嫩，还有爆浆的感觉，胆子不大还真是下不了口，不过吃了后绝对会怀念的。

乐 "购"
Purchase

古风淳朴——民间银饰

走在丽江的古镇，随处可见民族老银饰的身影，更有少数民族少女头戴琳琅的银凤冠站在店前展示，这小小的细节让生活在当代的人陡然柔肠婉转。掐丝点蓝、玛瑙琉璃、流苏花枝，这些物件不怕老，越老越好，单怕老得没有味道。若说为什么出入写字楼的时尚伊人如此热衷？恐怕除了复古流行之外，老银饰身上默默流出来的时光印记绝对是现代高压生活下的人们舒压的一剂良药。

肩上彩云——手工织造品

丽江的暧昧源于它的多彩，从当地姑娘身上的鲜艳服饰，到酒吧咖啡馆的软饰装修，看见这般颜色，仿佛取天边的彩云直接来用。到了丽江，不能错过的是由摩梭姑娘手工织造的围巾，亲自挑选棉线，定制几条，离开丽江时，也能把当时的斑斓心情带回家。

香格里拉

爱情供奉园 逍遥乌托邦

撰文、图片/张启晶 方若欣

　　香格里拉意为心中的日月，是一片保留着自然生态和民族传统文化的净土，也被誉为"最接近天堂的地方"。从刚一踏进这片土地开始，爱情便在天人合一的世外桃源慢慢绽放，令人魂牵梦萦。

·入榜理由·

香格里拉，是一个神秘不解的传说，大峡谷、雪山、牧场、湖泊、原始森林、巴拉人的村落……雪域高原上壮阔的融合之美，引领你步入心灵腹地。"香格里拉"——这个高原上的世外桃源是一片上天眷顾的土地，这里平均海拔在6000米以上的山峰居然有13座。雄奇险峻的雪山、矗立云端的冰峰、葱翠欲滴的原始森林，形成了"河谷盛夏山区春，高原艳秋雪山冬"的立体景观。

乐游TIPS
Tour TIPS

1. 5-7月的春末夏初和9-10月的秋季是到香格里拉旅行的最佳时间。

2. 如果体质较弱，可以在酒店租用小型的氧气瓶，大小和空气清新剂差不多，瓶子押金20元，氧气5元。不过如果连续吸的话，2分钟就用完了。还要准备一些巧克力之类的高热量食物，高原地区这是必备的东西。

3. 香格里拉常年气温都比较低，衣服一定要带够，特别是在雪山玩耍的时候就更需要了。另外，一副墨镜也是必不可

少的，免得患雪盲症。

◎ 交通

    飞机：昆明——香格里拉，50分钟

    驾车：丽江——香格里拉，5小时

◎ 住宿

    背包系：香格里拉老城中的藏族人家

    奢华系：悦榕庄仁安藏村

◎ 旅行预算

    3500元/人起

乐游随笔
Tour Essay

香格里拉探幽净土

    "香格里拉"一词最早出现在英国小说家詹姆斯·希尔顿的小说《失去的地平线》中，这里被描写成一块祥和宁静的土地，远处的雪山峡谷、金碧辉煌且充满神秘色彩的庙宇、湖泊草原环绕着森林、淳朴的康巴人民繁衍生息，一派世外桃源的景象。巧合的是：书中提及的画面并非虚构，与云南迪庆极其相似，正是人们寻找已久的"香格里拉"。"香格里拉"是迪庆中甸的藏语，为"心中的日月"、"最接近天堂的地方"之意，自古就是藏民族最理想的"如意宝地"，藏族民歌唱道："太阳最早照耀的地方，是东方的洁塘，人间最殊胜的净土是奶子河畔的香格里拉"，可见其是藏民心目中的理想生活环境和至高、至上的美好境界。

    香格里拉古镇又名独克宗古城，这座昔日的茶马古道重镇，收藏了一千三百多年时光雕刻的历史沧桑的痕迹。湛蓝的天空下，飞扬的五彩经幡妆点着神圣的寺院。纯朴虔诚的人民世代在这里生息劳作，这是他们最美丽的家园。

    没有高楼，没有喧闹的广场，放眼一片绿色山林，绝对的原生态啊，赶紧大口呼吸不花钱的绿色空气吧。环顾四周，古镇的座座小木楼布置得精致小巧，还散发着阵阵木香，恍如梦境。香格里拉古城依山势而建，路面起伏不平，一些岁月久远的旧石头就着自然地势铺成，至今，石板路上还留着深深的马蹄印，那是当年的马帮给时间留下的信物了。

    香格里拉古镇拥有滇西特有的建筑风格，同时这里还带有浓郁的中甸色彩，

租套藏族民族服装换上，悠闲地走在古镇上，别有一番情趣。香格里拉古镇的四方街，晚上这里会有很热闹的"锅庄舞"，如果幸运正好赶上，可以随着藏族同胞们欢快地唱起来，跳起来。

深入藏区探究民风

进入藏区，走进老街，沿着石板古街寻觅西域风情，发现一群守望老街的老妇人。坐在矮矮的石阶梯上的6位大妈，微微仰着头，用好奇的眼神打量着过往游人，仿佛在看一些闯入者，当你举起镜头对着她们"扫射"时，她们又露出安详的微笑，用包容的心看待眼前的一切。

老人们头戴红色、蓝色毡帽，再戴上花色、白色特时尚的太阳帽，身着藏青长袍，配上红色、或蓝、或绣着花的棉马甲。温和的秋阳洒在她们脸上，泛着古铜色光泽，粗糙暗沉的双手腕上佩戴一对缅玉镯；手指头上戒指闪烁金黄。她们笑眯着眼，观望老街匆匆过往游客，时而指指点点，朗朗笑声飘过巷口。

走过去，和她们闲聊几句，原来这是一群从农奴翻身的藏人，她们同是历史变迁的见证人，80多年风霜雨雪，如今终于春风化雨，可以安享晚年之福了。夕阳西下，老妪们起身蹒跚地走在熙来攘往的石街，她们频频回望，对我招手示意，稍作停留，渐渐地，寂寞地消失在这繁华喧闹的石板街的巷尾。

暮色苍茫间，忽想起民国才女刘曼卿《康藏征续》中的描述："忽见广坝无垠；风清月朗，连天芳草，满缀黄花，牛羊成群，惟暮四撑。再行则城市俨然，炊烟如缕，恍若武陵渔父误入桃源仙境。"

乐"游"
Tour

逍遥享乐——寄宿中甸

曲尼小村在出中甸县城的东南6公里之外。纷杂的外部世界并没有对生活在这

个村庄里的人造成多大改变。中甸的魅力除了冬季的滑雪、四季著名的景色，还有就是周边村庄融合在缓慢时光中的生活，这生活独特而自然。如果真的向往纯正的乡村生活，那曲尼小村绝对是完美选择。院子与院子之间离得很远，中间隔着大片绿色的田野。清晨，穿着传统服装的人们赶着牛与羊去村边的坝子放牧，傍晚牧归的牛羊兴奋地走向回家的路，在乡村的小路上扬起一阵染了浓厚阳光味道的尘埃。

中甸有著名的碧塔海、纳帕海、松赞林寺。如果只想享受田园，那周边的著名风景或许都不用认真考虑。消暑——古城和村庄，还有传统的手工艺制作过程，才当为正选。绿色的坝子上鲜花遍地，远处群山有云雾起伏。牛铃之声遥遥传来，孩子在奔跑，老人在捻线……田园生活应该就是这样吧。

刺激惊险——独闯虎跳峡

从丽江驱车大概2个多小时就能到达虎跳峡镇，这里是去香格里拉的必经之地。湍急的金沙江流经石鼓镇长江第一湾之后，忽然掉头北上，从哈巴雪山和玉龙雪山之间的夹缝中硬挤了过去，形成了世界上最壮观的大峡谷，峡谷中最窄的地方就是著名的虎跳峡景观。

传说曾有一猛虎借江心这块巨石，从玉龙雪山一侧，一跃而跳到哈巴雪山，故此石取名为虎跳石。虎跳峡分为上虎跳、中虎跳、下虎跳3段，基本上游客都只会到上虎跳，这里有那只最最出名的大老虎。而中虎跳和下虎跳是属于背包爱好者的天堂，那里的路况险峻，稍微不留意就掉到滚滚金沙江中，很是惊险！

在上虎跳最底部，这里是最佳的观看平台，景区人还特意弄了一部分玻璃的地板，可以看到脚下的江水，仿佛就在江上行走一般。不过欣赏完魄力的风景上去就变得难了很多。有头脑的人在这里做起了轿夫，提供服务给实在爬不动山回去的游客，因为真的是下来容易上去难。看着

山和圣湖，能使人消灾避难。第一站可以从属都湖开始。湖水格外清澈，倒映着通透的蓝天，一切都显得那么安逸和祥和，这不是一次普通的旅行，是心灵的放飞之旅！

在普达措仿佛度过了一段静止的时光，带给你有生以来见到的最纯粹的蓝和最天然的土黄色，真想在这青山投影、绿水相伴的地方盖一间木屋，清清静静地过日子！

并不是很高的入口为什么走起来就那么的辛苦呢？可能还真的和高原气候有关，一路喘着大气终于爬到入口，背上已经全湿了。

安逸祥和——静止普达措

普达措国家公园位于香格里拉迪庆州，距离香格里拉22公里，是全国最大的也是唯一的国家公园。那天早上天气阴晴不定，很给力的是到了普达措的时候异常的晴朗。5月，这里进入最美的季节，山间树林、草甸牛场上开出些小花，洁白的湖面上泛着淡淡的蓝光，牦牛群痴情地低着头垂青着小草，这些都是我们这样久居的城市人不曾看到的景色。

藏传佛教认为，按顺时针方向转神

乐"吃"
Eat

朝圣者的食粮

◎ 酥油茶

酥油茶是藏族人民日常生活不可缺少的必需品。制作时简单方便：先用土茶倒入茶筒，加入酥油、盐和精制的香料，用搅棒上下反复搅打成水乳交融状，即可斟用。饮之，色香味美，回味无穷。在藏族的饮食结构中饮用酥油茶占有十分重要的地位。藏族家庭里一天至少要饮三次茶，有的

甚至多达十几次。酥油茶既能产生很大的热量，喝后可御寒，又能起生津止渴的作用。许多没有喝过酥油茶的人，第一次品尝会觉得异味难当，而咬咬牙喝过几次之后，便会真切地品味其留香满口，余味悠长的妙处。

◎ 糌粑

　　糌粑是藏区的主要食品之一。磨制糌粑以青稞为主，将青稞晒干炒熟，磨成细面，便成了香喷喷的糌粑。藏族食用糌粑大都先在碗里倒点酥油茶，再把糌粑加入碗中，用手搅匀。随后，将之捏成一个个的小团，即可食用。糌粑的营养成分很丰富，且携带方便，只要有茶水冲开就可食用。第一次吃，可以冲得稀一点，小心呛了嗓子！许多朝圣者就是把糌粑作为干粮的，吃时方便。

乐 "购"
Purchase

千年传承——黑陶工艺

　　香格里拉的尼西乡以黑陶著称，尼西的黑陶又以汤堆村最为著名。从中甸县城到汤堆村约20公里。先到尼西乡政府所在地，沿国道两侧的门口堆满了各式的土陶制品。

　　尼西至今还沿袭着有一千多年历史

的民间制陶工艺。虽然只有木拍、木刮、木垫、木榔头之类的木制工具，但黑陶制作工序繁多，工艺要求很高。用木拍把陶

泥拍打成条状，用手捏制成器具的大体轮廓，再磨光、装饰，阴干后进行烧陶。

藏族风情——民族特产

　　当地的特产是牦牛干巴和藏刀、藏药，牦牛干巴很多是黄牛做的，味道差很多。要是想买牦牛肉干，可以去当地的大超市买，价格公道很多，那些旅游商店只能说一个字——贵。藏刀记得到专卖店买放心点，然后要通过邮局邮寄。

　　不只是老街，长征街也是这里最繁华的商业街。藏香、藏药、藏刀以及藏装等当地用品都能买到。长征路中段"花仙子"楼下的卡卓公司卡卓刀第一营业部可以买到质量有保证的藏刀。工商银行边的一家藏族用品店里，有各种藏式地毯、藏装等品种较全的藏族用品，价格也不是太高，若是喜欢买上一块布什么的做个纪念也不错。

鼓浪屿
——细品慢生活 挥霍爱时光

撰文、图片/王蔚然

鼓浪屿的时间是用来浪费的。穿梭在无数条小巷和毗邻的小店中间，喝杯咖啡，看书发呆，或和猫咪聊会儿天，就度过一天。这里带着一种慵懒的情绪，让你不由自主地融入其中，被牵绊住，不愿离开。

·入榜理由·

鼓浪屿一直都是情侣们享受浪漫假期的最好地点，比起"观光"，"生活"这个词汇显然更适合。它永远那么安静、干净，从不急功近利，温和又从容地接纳每一个来到这里的人。白天的鼓浪屿有着太多的游人与喧闹，到了入夜时分，周围的人渐渐散去，这时的鼓浪屿，才露出它最美丽的样子。所以想体会鼓浪屿的浪漫风情，一定要在这里过上一夜。白天可以躲在某间客栈里睡大觉，或者窝在小咖啡馆里喝咖啡；晚上才会牵着爱人的手，在这里迷宫一样的小巷里遛弯儿。

钢琴博物馆和菽庄花园值得买票去看看。

2．人字拖、大草帽，裹一个沙滩裙，随便拍拍，都是一组风光写真照。

◎ 交通

飞机：直飞厦门，空中俯瞰琴岛

轮渡：厦门——鼓浪屿，往返8元

◎ 住宿

网上提前预约特色旅店，如张三疯的同名旅店，要提前一月预约，想住猫窝的要赶快下手。

◎ 旅行预算

2000元/人起

乐游随笔
Tour Essay

手牵手漫步琴岛

从鼓浪屿回来的一段时间中，久久不愿从那段时光中跳脱出来，恍如隔世，甚至不敢细细回味留在心中的那份挥之不去的快乐和宁静，生怕多一分杜撰，少一分遗忘，而破坏了那份感动。

这里的一切是缓慢的、宁静的、怀旧的、美丽的。在若隐若现的钢琴曲中，在鼓浪屿的无数条小巷里享受"浪费"时间带来的快乐。可以有这么一小段时间，过自己想过的生活，呼吸自己想呼吸的空气，没有工作的压力，没有人事的纷争，没有一天不停的计算时间、规划工作。唯一要做的就是享受属

乐游TIPS
Tour TIPS

1．别跟旅游团扎堆儿，往僻静的小巷走走，突如其来的花香和藤蔓植物爬满老房子肯定会给你惊喜，揣测一下老房子里面发生过的故事，即使迷路了也不要紧。

于自己的日子，真好。

鼓浪屿，一个因海水冲击岩石而发出鼓样声响的美丽岛屿，一个钢琴乐音遍撒全岛的浪漫岛屿，一个艺术气息浓厚、环境优美、物质富绕的小小宝岛，这就是举世无双的鼓浪屿又称琴岛。

你不需要拿着那种很专业的地图，用精确的数字计算需要步行的距离。在这里，你只需购买一张当地手绘地图，按照

牛皮纸粗糙的纸纹，沿着细细的街道缓慢上行，就一定可以达到你想要去的地方。特别之处是，你所进的每一家店，都可以免费盖店章，证明你曾经来过这里。

到了码头，映入眼帘的是一架硕大的水泥浇筑的钢琴。大自然的天籁连鼓浪屿的码头都赋予音乐的灵性啊，让人一踏上岸就好像双脚踏上了琴键，踏得石阶、曲径流满了音符。难怪鼓浪屿的岛徽是一

架钢琴啊，难怪鼓浪屿又被称为琴岛啊！

在鼓浪屿，要做的事很多，找猫、找路、找风景、找历史、找美食，其实是在找一个自己编织的梦境，其余的时间不如用来欣赏岛上的各国建筑和特色小店。岛上的商业气氛很浓厚，旅馆、小店遍地开花。哪怕只是一个小小的门面，深入店内却是另一番天地。游人熙熙攘攘地穿梭在各条街巷，冷僻的地方已变得难寻。这里的游人或是三五结伴，或是情侣、夫妻，或是独自旅行。他们关注的不再是风景名胜、名人故居；他们淘小店、喝咖啡、尝美食、逛小巷、拍照片、画水彩。与朋友漫步岛上，唯一的感觉就是眼睛看不过来，相机拍不过来。风格各异的建筑，曲折迂回的街道，鲜艳不败的植被，把鼓浪屿渲染上了一层浪漫的色彩。夕阳时分，每条主要的街道上都有新人在拍摄婚纱大片，看着他们的笑脸，便可以感觉到他们每一对的背后一定有着过程不同，但同样幸福的爱情故事，就像这岛上的鲜花一样，幸福永远花开不败。

乐"游"
Tour

晒厦门——日光岩

来厦门之前就一直听人家推荐说不去"日光岩"等于没有来过厦门。其实日光岩要爬上去不算很高，但是上面确实风景最美、最好，日光岩上很漂亮，可以看见整个厦门，可以看到整个岛的全景，海景真的很美。这里的风景吸引了很多人停留，所以显得很挤。拍的每张照片都是有很多路人的，大家都不舍得下去。

地址：厦门市思明区鼓浪屿中部偏南

门票：60元/人

私享美——菽庄花园

菽庄花园是鼓浪屿上最漂亮的一个

地方。它最早是一处私家园林，新中国成立初期，当时的主人林尔嘉先生为了表达对祖国的热爱，就把整个花园捐献了出来。里面最有意思的景点是"十二洞天"，在假山里有十二生肖的雕像，不过一旦你身陷其中，要想找到这十二只动物，可真不是件容易的事。据说早年这座假山都用贝壳镶嵌，日光照耀下，五彩斑斓，煞是好看。可是年久月深，美丽的贝壳都脱落了，现在只能看到一些贝壳的痕迹了。"十二洞天"的前面还有一个小池塘，一座小亭。如果你走累了，就来亭子里的竹椅上休息一下，看着脚下的鱼儿，吹着微微的海风，是件非常惬意的事情呢。此外，园内还有"四十四桥"和钢琴博物馆，都值得一去。

地址：厦门市思明区港仔后路7号

门票：30元/人

乐"吃"
Eat

胖猫故事——张三疯奶茶铺

　　"张三疯"可能是鼓浪屿最知名的猫咪了，几乎成为鼓浪屿一景，以此命名的奶茶铺是岛上最有名气的人气店。满墙都是张三疯猫的照片，颇为可爱，如果运气好，你还能在店里看见本尊呢。张三疯奶茶铺在鼓浪屿现在有两家店，老店位于鼓浪屿街心公园，新店在鼓浪屿三友假日旅游城背面。

地址：龙头路一店——厦门市思明区龙头
*　　　路266号（近街心花园）*

*　　　龙头路二店——厦门市思明区龙头*
*　　　路8号1楼*

温馨时光——赵小姐的店

　　"张三疯"是活泼、温馨的，赵小姐是温婉贤淑的，同样是很浪漫温馨的小店。推荐秘制的烧仙草和手工素馅饼，味道很不错。坐下就很想留下来看书，不想动地方。游客们将感人的故事和心情记录在店里的本子上，随便翻翻，感动其中的感动。

地址：厦门市思明区龙头路298号

手绘记忆——号外奶茶

走进"号外奶茶"是被窗口那些手绘瓶子所吸引，太多人买"号外奶茶"是因为要那个手绘的瓶子，太多人记住"号外奶茶"是因为看到那只属于鼓浪屿，却名叫"号外"的瓶子，那只胖胖的笨猫，紧紧抱着一个阔口瓶子，可爱的令人过目不忘。只要花20元，就可以买到一整瓶的奶茶，顺便把鼓浪屿岛上属于自己的一只猫带回家。

地址：厦门市思明区龙头路166号三友假日商城办公室1−3楼

乐"购"
Purchase

童话王国——胡桃夹子吧

店里的彩绘玻璃、红色邮筒和满墙的轻骑兵玩偶，都让你感觉置身于《胡桃夹子与鼠王》的童话世界，那就把自己当成玛拉(Mara)，带上一个自己喜欢的胡桃夹子士兵回家吧。

地址：厦门市思明区龙头路466号

猫咪友谊——诺拉和皮埃诺

"诺拉"和"皮埃诺"是两只猫的名字，店面不算大，但门面的装饰却很用心，绿植、红色的猫咪邮箱、可爱的长颈鹿、错落有致的卡通雕塑，使得几乎经过这里的所有人都会在此拍照。诺拉和皮埃诺经营的主要是家居饰品和个人饰物，明信片、冰箱贴、卡通玩偶、铁皮玩具都很吸引人。

地址：厦门市思明区晃岩路20号

九寨沟
神仙与眷侣 相守于仙境

撰文、图片/朱锌宇 王晓霞

若你在九寨沟最为灿烂的季节来到这里，就仿佛置身于一个人间仙境。这里的山，青葱妩媚；这里的水，澄澈缤纷。水静云动，光景变幻，在这里不需要找角度，怎么拍都是美，难怪凡人们只羡鸳鸯不羡仙，留恋于此。

· 入榜理由 ·

　　没有一个到过九寨沟的人，能否认它超凡的魅力。人们说，如果世界上真有仙境，那肯定就是九寨沟。"黄山归来不看山，九寨归来不看水"，九寨沟的灵魂是水、湖、泉、瀑、滩连缀一体，飞动与静谧结合，刚烈与温柔相济，是谓"中华水景之王"。而在这里居住的九个寨子的藏族人，又给这"童话世界"平添了神秘的色彩。飘动的经幡、古老的水磨房、漫步的牦牛……融化在奇山异水、蓝天白云之间。

乐游TIPS
Tour TIPS

　　1. 每年4月1日至11月15日，220元/人次，观光车90元，合计310元/人

　　11月16日至3月31日，200元/人/次，观光车80元，合计280元/人

　　2. 九寨沟属高海拔地区，年老体弱者，有高血压、冠心病、心脏病者不宜前往。

　　3. 景区昼夜温差大，请带足保暖防寒衣物，并备常用药品。

◎ 交通
　　飞机：北京——九寨沟
　　汽车：兰州——九寨沟，成都——九寨
◎ 住宿
　　沟内是不允许住宿的，沟口和沟外都有很多酒店，因九寨沟倡导环保，九寨沟沿线的酒店内不提供一次性的卫生洗漱用品，请自备。旺季要提前预约。
◎ 旅行预算
　　3500元/人起

乐游随笔
Tour Essay

神奇九寨　人间天堂

九寨沟以翠海、叠海、彩林、雪山、藏情"五绝"驰名中外，因沟内有树正、荷叶、则查洼等九个藏族村寨而得名。四周群山耸峙，有雪峰数十座，直插云霄，终年白雪皑皑。河谷地带奇水荟萃，其间有成梯形分面的大小湖泊114个，瀑布群17个，钙华滩流5处，泉水47眼，湍流11段，以1870米的海拔高差，在12座雪峰之间穿林跨谷，珠连玉接，呈Y字形串珠，逶迤近60公里，形成了中国唯一、世界罕见的以高山湖泊群和瀑布群以及钙华滩流为主体的风景名胜区。湖水终年碧蓝澄澈，色彩斑斓，在阳光照射下，呈现出蓝、黄、橙、绿等多种色彩，绚丽夺目。天气晴朗时，蓝天、白云、雪山、森林倒映湖中，水光浮翠，美丽如画，并随季节推移呈现出不同的色彩和风韵，有"九寨归来不看水"之说。

按照旅程来分的话，九寨沟一共分为3条沟，景点呈Y字形分布，分别是右上角的"日则沟"（最精华的部分）、左上角的"则查洼沟"，以及Y字下方的"树正沟"，沟口在最下面，"|"的下三分之一处右边是荷叶寨，上三分之一处右边是树正寨，树正寨对面从下到上依次是盆景滩、芦苇海、火花海、树正群海和犀牛海，Y字左边的一条景点很少，只有最尽头的长海和五彩池，Y字右边景点

就很多了，最上面是原始森林海拔4136米，下来依次是芳草海、天鹅海、箭竹海、熊猫海、五花海、珍珠滩、镜海和诺日朗瀑布。三条沟的交汇点是诺日朗服务中心，是游客可以在那里休息和吃饭的地方，也是唯一可以吸烟的地方。

在九寨沟内你可以选择徒步旅行——推荐自由行时间充裕的朋友，也可以选择坐沟内的旅行观光车90元/人。九寨沟一共有60公里，如果需要徒步全部走完，来回有120公里，所以坐车是非常有必要的。观光车上都配有专业导游，她们会讲解沿途路过的风景以及有关九寨沟的美丽传说，上山时旅游车要坐右边哦，左边都是看山哦。车在站点可以停靠。有些景点是要走下来慢慢欣赏体会的。沟内有旅行观光车300余辆，到了10月份九寨沟旺季，等待坐车的人排起长龙，为了合理分散人群，观光车分别开往不同的三个沟。

那山、那水、那景，还有置身其中的人儿，都很美，真的很美。人在喧嚣的大城市生活久了，也会疲惫的，应该让心儿放松，回归大自然，回归那宁静的生活，感受着大自然的空气，让呼吸也成为美妙的乐章，让神奇的九寨之歌唱响。

"在离天很近的地方，总有一双眼睛在守望，它有着森林绚丽的梦想，它有着大海碧波的光芒，到底是谁的呼唤，那样真真切切，

到底是谁的心灵，那样寻寻觅觅，噢……，神奇的九寨，噢……，人间的天堂。"

乐 "游"
Tour

十九海子连碧玉——树正群海

"树正群海"由大小19块海子所组成，19块海子就如19块碧绿的翡翠，镶嵌在这深山幽谷之中，中间由绿树、银色的小瀑布相连，就如给树正寨戴上了一条美丽的翡翠项链。树正瀑布与其他瀑布有所不同，它不是直上直下的流水，而是沿着圆滑、突起、布满青苔的石壁顺流而下，流水的落差有高有低，有不规则的层次感。飞溅的水珠犹如跳跃的珍珠，它虽然没有震撼的效果，但也是九寨沟四大瀑布中最小的一个，也

能让初游九寨沟的人惊心动魄。

"树正群海"的对面是树正寨。村寨依山而建，房前插满了色彩斑斓的经幡，山上缭绕着清晨还未散去的雾气，每天清晨推开房门看到此景还会有烦恼吗？树正寨前种满了格桑花，格桑花是高原上最美的花，在很多藏族歌曲里都把勤劳美丽的姑娘比喻成格桑花，格桑花是高原幸福和爱情的象征，也是藏族人民心中永远的追求。

九寨奇景叹观止——日则沟

"日则沟"拥有九寨沟最美最值得看的景色，从"箭竹海"下车，徒步欣赏，宛若置身仙境。据说这里的得名主要是因为周围长满了箭竹，张艺谋的《英雄》就曾在这取景。"熊猫海"海水澄澈，倒影清晰。岸边层林相间，湖畔群峰静立，倒映水中，一片迷离景象。国宝大熊猫被视为吉祥之物，深得九寨沟藏民的喜爱。据说九寨沟的大熊猫最喜欢来这里游荡、喝水、觅食，因此这一片海子被叫做熊猫海。若幸运会看到熊猫出没呢。

"五花海"号称九寨沟的骄傲和精华，又称"孔雀海"。同一水域中，却呈现出鹅黄、墨绿、深蓝、藏青等色，斑驳迷离，色彩缤纷，从栈道步行300米的垂直距离到汽车的公路上观看五花海的全景，你就会发现一只正开屏的孔雀赫然展现眼前，这正是由那些树木构成的。碧绿的孔雀嵌在蓝蓝的水中，多么美、多么神奇的画呀！让人不得不感叹大自然的鬼斧神工。

原来这里不仅有海子，还有浅滩，"珍珠滩"就是《西游记》片尾曲拍摄地，这里的水珠在阳光下好似珍珠一般。珍珠滩瀑由上端滩流的台面上注入下方丹祖沟，形成壮观的飞瀑，气势磅礴，让人叹为观止。最后建议大家在时间不是很充沛的情况下先游览"日则沟"——九寨沟精华所在。

十二时辰景不同——犀牛海

"犀牛海"是九寨沟的第二大海子，根据神话传说而得名的。传说当年有个高僧，他骑着犀牛云游四海，一路从西藏来到九寨沟，当他到九寨沟的时候身患重病，奄奄一息，后来他饮用了这里的神泉，病就痊愈了，而且还返老还童，他就把犀牛留在这里守护这里的神泉。"犀牛海"看的是它的变与不变，变的是在每一种天气每一个时辰，它的景色都是不一样的，在阳光的照射下，"犀牛海"会显得更加的艳丽，倒影会非常漂亮。在雨天的时候，湖面上会漂一层薄薄的雾，云雾缭绕，仿佛是人间仙境。不变的是"犀牛海"的水位，一年四季都是没有变化的。眺望远方，你会看见层林尽染，满山都是

九寨沟整个水系的源头，这个海子最大。"长海"上可以租藏民的藏族服饰穿戴，费用20~30元/人。

游览完"长海"走栈道400米后来到有小家碧玉美称的"五彩池"，五彩池就深藏于山路下边的深谷中。五彩池虽然在九寨沟众海子之中最小巧玲珑，但五彩池异常清澈，透过湛蓝的池水，可见到池底岩面的石纹。第一感觉就是很精致，美极了，五彩斑斓的五彩池下的水纹与岩石遥相呼应！池中水有淡白、墨绿、浅绿、深蓝、天蓝，五种颜色，让人应接不暇，美不胜收。

乐"吃"
Eat

藏味十足的美食

九寨沟内的物资多从外面运入，所以吃的价格很贵，当地的特色小吃有：洋芋糍粑、九寨柿饼、荞面饼、九寨酸菜面、奶渣包子等，各个住宿点都能吃到，属于西藏风味，不太符合内地人的口味。

◎ 青稞酒

青稞酒色微黄，酸中带甜，有"藏式啤酒"之称，是藏族同胞生活中不可缺少的饮料，也是欢度节日和招待客人的上品。藏族同胞劝酒时，经常要唱酒歌，歌词丰富多彩，曲调优美动人。

黄的、红的枫叶，配合碧蓝的湖水，用作家魏巍的话来说"自然的美，美的自然。人间天上，天上人间"。让你不由自主地爱上这里。

三千米高初始美——长海五彩池

"长海"位于查洼沟，是整个九寨沟景区的最高点，海拔3100米，跨度4.5公里，最深处水深80米，"长海"也是

张家界
——哈利路亚山 赐予爱力量

撰文、图片/薛娟 回璇

　　张家界的山像男人，拥有坚实的肌肉、宽阔的臂膀，用低调的张力传递给世人爱的力量。正如这有棱角却彼此黏合不分离的山石一样，牵手走过一生，是需要坚定的信念和勇气的。大自然赋予的阳刚之气，令人深深震撼。

·自由·

，白露为霜，所谓伊人，　　　。"好似美人、美景大多倚江傍水，楚楚动人，寻访起来，虽费周折，却甘之如饴。沱江之畔，湘西名郡——张家界便是一处这样的地方。让你饱含着热情，欣喜奔来；而又拖沓着脚步，不愿离开，这就是魅力吧！

乐游TIPS
Tour TIPS

1. 老人及学生可携带证件，在张家界绝大多数景点会有相应的优惠政策。

2. 山顶风大，山上山下天气反差较大，建议带外套和雨具上山，以防着凉；因山路比较多一定要穿运动鞋或登山鞋。

3. 计划好游览时间，因天子山排队坐缆车的人较多，需要大量时间排队。

◎ 交通
　　飞机：北京——张家界
　　火车：北京——凤凰
　　汽车：凤凰——张家界
◎ 住宿
　　由于张家界景点比较集中，所以住在市内去各个景点都比较方便。
◎ 旅行预算
　　3000元/人起

乐游随笔
Tour Essay

寻找哈利路亚

张家界武陵源风景区面积达369平方公里，是一方神秘而又原始的地方，若想把这里所有的山石都看一遍，非一日之功。为了方便游览，景区有双日票和一周票可以买。

游览的第一站是黄石寨景区，这里以世界罕见的石英砂岩峰林峡谷地貌为主体，又经过多年雨水的冲刷形成了现在这样，看似山体都是从地上拔起的，一根一根的，直耸云霄。黄石寨景区可以爬山上去观景，亦可乘索道上山。上山之后就会看到刚才看到的山峰全部笼罩在薄薄的云雾之中了。黄石寨因汉室张良之师黄石公曾居于此修道而得名，平均海拔1100多米，是张家界大峰林中首屈一指的凌空观景平台。天然形成的山石造型独特，若人、若神、若仙、似林、似禽、似兽的石英砂岩峰林在云雾中时隐时现，变化万千。

因为张家界景区面积广，从一个景区到另一个需要坐汽车才能到达，另一个著名景区是"袁家界"，那里有被《吉尼斯世界纪录》收录的"百龙天梯"，还有最经典、最震撼的景观——"哈利路亚"，"哈利路亚"就是电影《阿凡达》的取景地——"南天一柱"乾坤柱。

袁家界位于张家界森林公园北部，是镶嵌在武陵源核心景区的一颗明珠。袁家界名称相传来源于后唐时期，"黄巢起义"失败后，朝庭为彻底肃清乱党，四处张榜，捉拿反贼。当时黄巢手下有一名将士，姓袁，为躲避追捕，便来到了这远离人世的深山野岭——青岩山隐居，他在这里结庐为舍，垦荒种粮，并以自己的姓氏为这里命名，起名"袁家界"。

袁家界面积约1200公顷，平均海拔1074米，它东邻金鞭溪，南望黄石寨，西通天子山，北接索溪峪。袁家界风景以

雄、奇、险、峻著称，在十多华里的环山游道上，沿途景色美不胜数，典型的峡谷峰林构成了张家界最有特色的迷人画卷。

先坐百龙天梯上山顶，一睹整个景区的核心精华。百龙天梯气势恢宏，与其说是交通工具，可以带游客由山底到山顶游览，不如说它自己就是袁家界一景！垂直高差335米，运行高度326米，由154米山体内竖井和172米贴山钢结构井架等组成，采用三台双层全暴露观光电梯并列分体运行，每台次载客50人次，运行速度3米/秒，百龙天梯也被誉为"世界上最高、运行速度最快、载重量最大的电梯"。

百龙天梯把人们带到山顶上就离"哈利路亚"不远了，在奇石峻岭中，它傲然矗立在那里。"哈利路亚"一石峰从深不可测的沟谷中冲天而立，上下一般粗细，有如镇山之卫士。精悍潇洒，超凡脱俗。它是张家界"三千奇峰"中的一座，位于世界自然遗产武陵源风景名胜区袁家界景区南端，海拔高度1074米，垂直高度约150米，顶部植被郁郁葱葱，峰体造型奇特，垂直节理切割明显，仿若刀劈斧削般巍巍屹立于张家界，有顶天立地之势，故又名"乾坤柱"。因电影《阿凡达》在这里取景，它就更加著名了，成为世界著名景点一点都不为过。

乐"游"
Tour

天然氧吧——金鞭溪

"金鞭溪"全长7.5公里，是天然形成的一条美丽的溪流，因"金鞭岩"而得名。溪水弯弯曲曲自西向东流去，即使久旱，也不会断流。溪水边全部是由石板路拼成，走在溪边码得整整齐齐的石板小路上，看见的是两边茂密的树林，以及离人们时远时近的溪流，阳光从崭绿的枝叶间渗进来，忽然有种置身童话中的恍惚。在这金鞭溪畔深呼吸，在这里感受城市所不能带给都市人的负氧离子，在这里、在森林、溪流的怀抱中做SPA……

一睹天子面——天子山

"天子山"位于武陵源风景名胜区西北部，东临索溪峪，南接张家界，北依

桑植县，是武陵源四大风景区之一。最高峰昆仑峰面北而峙，海拔1262.5米。天子山原名青岩山。明初，土家族首领向大坤在此揭竿聚义，自号向王天子，因而改称天子山。天子山许多景点的命名都与向王天子有关。

天子山为台地地貌，中间高，四周低，因而视野开阔，透视线长，层次分明，气势雄浑。天子山的风光，用一名话来概括，就是"原始风光自然美"。它的景观、景点都是天造地设，难怪有人评价说："谁人识得天子面，归来不看天下山"，"不游天子山，枉到武陵源"。

神来之笔——御笔峰

"御笔峰"位于天子山天子阁西侧的山谷中。数十座错落有致的秀峰突起，遥冲蓝天，靠右的石峰像倒插的御笔；靠左的石峰似搁笔的"江山"。景色变化万千，是天子山最著名的景点之一，堪称天下一绝。

御笔峰被公认为是武陵源砂岩大峰林风光的标志景点，不断出现在海内外各种媒体和宣传品上面。本来，这是大自然鬼斧神工的神来之笔，科学上讲的是岁月风化、侵蚀、切削的结果，但民间却把它同向王天子联系在一起，说是向王天子殉难后，他的御笔化成石峰，厮守在神堂湾边；而装御笔的"签筒"、"笔架"则留在水绕四门。然而，千古兴亡，时代更迭，"古今多少事，都付笑谈中"。只有这支御笔还在！

乐"吃"
Eat

辣腊合璧

张家界的土家族饮食既具有浓厚的

民族特色，又融合了湘菜的精华。辣是一大特色，除了辣以外，土家人还特别钟爱腊、酸、腌制菜食，土家腊味菜系列有腊猪肉、腊羊肉、腊牛肉、腊狗肉、腊猪蹄、腊猪肠、腊血豆腐等；酸辣菜系列有酸野蕹、酸青菜、酸猪肉、酸鱼、酸辣玉米糊等；土家家常系列有和渣、南瓜汤、米豆腐、粉蒸肉、扣肉、岩耳炖鸡、泥鳅煮豆腐、鱼儿辣子等；腌菜类有腌肉、腌鱼、腌辣椒、腌萝卜、腌辣玉米粉、腌生姜等；野菜类有地米菜、野葛粉、蕨粑、南金姜等。葛根炒腊肉、岩耳、酸玉米炒蛋这几样菜很有当地特色，值得品尝，在宾馆和农家乐都可以吃到。景区的餐饮价格高，到了张家界市区，好吃的很多，价格又很便宜。

乐 "购"
Purchase

三宝一绝

张家界的特产是三宝（葛根粉、蕨根粉、岩耳）和一绝（杜仲茶）。此外，野生猕猴桃也很好吃，要买像鸡蛋大小的，买生的便于携带，熟的容易烂；桑植盐豆腐干是清朝贡品，不妨一尝；土家风味的"辣妹子辣腊"系列食品带回家去，味道很不错。纪念品方面，可以有选择的购买一些龟纹石、土家粘贴画、土家织锦等，在景区和市区的土特产店和摊点都可以见到，但要注意鉴别质量、大胆砍价。山上有人兜售药材的，除非你真的很懂，否则最好不要买。

张家界购物可以选择大型的超市和购物中心，商品比较齐全，或者到两条步行街——人民广场商业步行街和天子街，随便逛逛都可以买到土特产。

西湖
——情人比西子 千古传佳话

撰文、图片/赵静 赵爽

西湖，除了有秀丽的湖光山色和众多名胜古迹外，像白娘子与许仙这样的千古佳话也发生在此。古代诗人苏轼有名句"欲把西湖比西子，淡妆浓抹总相宜。"形容西湖的美。在烟雨朦胧时漫步湖边，用心来体会。

·入榜理由·

烟雨朦胧时，是杭州最美的季节。不冷不热，不扬不抑。杭州的气质就跟这里的吴侬软语一样，总是流淌着那股浓浓的江南情致。江南柳，依依轻垂，漫步在西湖岸边，时不时地便会拂到你的脸上。内心一份淡淡的欢乐的念想，就这样被这缕缕柳丝给勾了出来。

乐游TIPS
Tour TIPS

1. 到了杭州，大多数游览都可以围绕西湖展开，那边风月美景无限，可以船游西湖，还可以去看看钱塘江大桥与六和塔。

2. 在西湖边上，建议找个茶馆坐下来饮杯茶，听着当地戏曲弹唱，眼前是一片湖光山色的美景，那种享受，让人毕生难忘。

◎ 交通

软硬卧、飞机、高铁都可以到达，极其方便。

◎ 住宿

西湖岸边的酒店性价比颇高，推开窗就能远眺整个西湖，充分享受静谧的美。

◎ 旅行预算

3000元/人起

乐游随笔
Tour Essay

杭州最美丽的,当属西湖。她如同一个温婉的女子:柔软,永远不会伤人,再锋利的都安然地包容进去。在这里,你可以与相爱的人牵手在湖边散步,一起守候日出等待夕阳,听湖滨花园里那围坐的老人低吟清幽婉丽的越剧小调,一起守候花开花谢至藤蔓失语。这样的走着,与杭州那一个个流传千古的动人传说一起沉于历史,变作永恒。

苏堤、西湖、雷峰塔是挨在一起的,白天走苏堤,逛西湖可以充分领略西湖的美,而夜晚看雷峰塔的灯光则是另外一种享受。围绕着西湖有南宋时期就定名的"西湖十景",所以只要到杭州,西湖是一个绕不开的景点。如果时间充裕,可以将这些景点一一来看。最经典的当属行走三堤之间,白堤古典,苏堤浪漫,而杨公堤则是幽静的。春探苏堤春晓、柳浪闻莺;夏观曲院风荷、花港观鱼;秋赏平湖秋月、三潭印月;冬看断桥残雪、南屏晚钟,西湖的美值得人们一年四季前来发掘。

苏堤和白堤将湖面分成里湖、外湖、岳湖、西里湖和小南湖五个部分。关于"西湖"这个名称,最早开始于唐朝。到了宋朝,苏东坡守杭时,他咏诗赞美西湖说:"水光潋滟晴方好,山色空蒙雨亦奇。欲把西湖比西子,淡妆浓抹总相宜。"诗人别出心裁地把西湖比作我国古代传说中的美人西施,于是,西湖又多了一个"西子湖"的雅号。

西湖之所以闻名和被人喜欢,不仅是因为山清水秀,更重要的是它完美相配的整体环境与设施,比如说亭台楼阁、塔桥堤岸、樱红柳绿等。正是这些环境因素,也造就了著名的西湖十景:苏堤春晓、曲院风荷、平湖秋月、断桥残雪、柳浪闻莺、花港观鱼、雷峰夕照、双峰插云、南屏晚钟、三潭印月。"西湖十景"形成于南宋时期,基本围绕西湖分布,有的就位于湖上。这十景各擅其胜,组合在一起又能代表古代西湖胜景精华,所以无论杭州本地人还是外地山水客都津津乐

道，先游为快。

漫步白堤，最美丽的线路是从断桥开始，如果反方向走，则会见到一片水泥森林。假若情侣，更不能错过在苏堤上牵手慢行，杨柳婆娑，夏风清新。苏堤南北两头分别是"曲苑风荷"与"花港观鱼"，尤其在夏日，不可不看。堤的最南端也有一个上下船的码头，堤的中部可以看到西湖国宾馆的全貌，同时这里也是看雷峰塔全景的最佳位置。

杨公堤，这条与苏堤平行的西湖第三堤则有浓郁的湿地风情，两岸都是粗大的梧桐。在堤的西侧，沿着西湖，蔽日的水杉与松木郁郁葱葱，松鼠在林间灵动地穿行，离杨公堤不远，就是恍若仙境的茅家坪，几处农家，一湾小湖，本地的人家在阴凉下悠闲品茗，世间的烦恼已然遗忘。

在西湖边和心爱的人一起骑自行车，是最浪漫的事

▲ 苏轼雕像

了，西湖边的低丘缓坡，骑起来一点也不累。可以一路走走停停，拾起路边散落的春天的心情。杭州西湖沿湖一样是完全免费开放的，几乎没有哪个地方收门票。生活在这个超级大公园，杭州人想不幸福也难。

乐"游"
Tour

两岸春光好——苏堤春晓

"苏堤"俗称苏公堤，为西湖十景之首。是一条贯穿西湖南北风景区的林荫大堤，苏堤南起南屏山麓，北到栖霞岭下，全长近3公里，它是北宋大诗人苏东坡任杭州知州时，疏浚西湖，利用挖出的葑泥构筑而成的。后人为了纪念苏东坡治理西湖的功绩将它命名为苏堤。沿堤栽植杨柳、碧桃等观赏树木以及大批花草，还建有6座单孔石拱桥，堤上有映波、锁澜、望山、压堤、东浦、跨虹六桥古朴美观。漫步在堤上，新柳如烟，春风骀荡，

好鸟和鸣，意境动人，故称之为"苏堤春晓"。苏堤望山桥南面的御碑亭里立有康熙题写的"苏堤春晓"碑刻。

走在堤、桥上，湖山胜景如画卷般展开，万种风情，任人领略。桥头所见，各领风骚：映波桥与花港公园又相邻，垂杨带跨雨，烟波摇漾；锁澜桥近看小瀛洲，远望保俶塔，近实远虚；望山桥上西望，丁家山岚翠可挹，双峰插云巍然入目；压堤桥约居苏堤南北的黄金分割位，旧时又是湖船东来西去的水道通行口，"苏堤春晓"景碑亭就在桥南；东浦桥有理由怀疑是"束浦桥"的讹传，这里是湖上观日出佳点之一；跨虹桥看雨后长空彩虹飞架，湖山沐晖，如入仙境。

人间仙岛——三潭印月

"西湖十景"之十，"三潭印月"是西湖中最大的岛屿，风景秀丽、景色清幽，尤三潭印明月的景观享誉中外。小瀛洲与湖心亭，阮公墩合称为湖上三岛，而三潭印月是西湖三岛中最大的一个岛，面积7公顷。四周围是环形堤埂，岛中有湖，水面划为"田"字形，建有一座九转三回、30个弯的九曲桥。岛上建筑精致，四时花卉扶疏，有"水上仙子"美称。岛南湖面上有3个石塔鼎足而立，塔高2米，球形塔身中空，有5个小圆孔，有"明月映深潭，塔分一十八"之说。绿岛凝秀，廊桥曲折，文脉凝重，风姿绰约，人们将这里比作神话传说中的仙岛，故此岛有"小瀛洲"之称。第五套人民币的一元纸币的背面风景就采用了翠绿色的三潭印月图案，因此三潭印月的名气大增。

千古传说——雷峰塔

"雷峰塔"在电视剧《新白娘子传奇》里被广为人知，雷峰塔是古时镇压女性的标志，而推倒雷峰塔成为女性翻身解放的一个里程碑的意义。原来的雷峰塔很高，因为历史以及其他原因，早就不在了。现在的雷峰塔在重修之前，杭州市政府还专门询问了杭州市妇联，就是因为前面说的那个原因。眼前的雷峰塔并不高，白天看似乎也没有特别漂亮，但雷峰塔的意义在于历史背景，在于白娘子和许仙的传说，更多的是意境，而不是眼前的建筑物。

乐"吃"
Eat

文艺范儿——绿茶

以"绿茶"为首的杭州式的文艺餐厅，一直暗含着进军全国的野心。然而这番文艺的情调，离开杭州的山水，总会有点缺憾。春天是来"绿茶"吃饭最好的季节，阳光懒懒地洒在原木纹理的餐桌上，面前是一个水塘，总有几根芦苇会从窗子里伸进来。这个餐厅，坐落在杭州有名的茶叶博物馆的旁边。于是可想而知，就着美食的，是室外连绵的茶园。杭州人对农家菜的迷恋到了魔幻的境地，一切寻常粗鄙的菜品，都会被改良出一股时尚的情调来。

地址：西湖区龙井路83号（浙江宾馆后门斜对面）电话：0571－87888022
人均消费：60~80元

闺蜜情缘——蜜桃&青桃

它们是两朵芳香的桃花，暗自开放在城北的一个旧厂房里。"蜜桃"是杭州最早一批用旧厂房改造而成的餐厅。在杭丝联创意园区中，一片玻璃幕墙里，就是她了。蜜桃的阳光房，是稍有些寒意的晴朗天的热门之选。阳光从玻璃屋顶上洒下，仿佛身处一间花房。窗外爬满了绿色植物，阳光透过植物的缝隙在咖啡桌、地上留下斑驳一切。什么事也不做，对着天窗外盎然的绿色，也能让人心醉。

这里的装饰大量保存了当时工业厂房的一些元素：像大鼓风机、管道、板凳、文件柜、墙体，等等。圆拱形的隔断，原木的桌椅，杭丝联旧丝厂遗留下来的巨大涡轮、刚劲管道与装饰互相掩映，充满了新旧冲突的美感。

"蜜桃"的食物以"西式简餐"为

主，如果想吃得更正式一点，出门右转，走50米，就到了它的"姐妹店"——"青桃"。那里有很正宗的千岛湖鱼，养在进门处一个硕大的水泥槽里。这里的生意实在太好，以至于遇上熟人的概率很高。

◎ 蜜桃

地址：*丽水路166号杭丝联166创意产业园（登云桥往南150米，锦昌文华苑69号对面）电话：0571-88019967*

人均消费：*50元左右*

招牌菜：*蜜桃咖啡*

◎ 青桃

地址：*丽水路166号杭丝联166创意产业园电话：0571-88827222*

人均消费：*50~60元*

招牌菜：*青桃扣肉、醋炒鸡*

乐"购"
Purchase

龙井茶香

众所周知，清明前几日采制的西湖龙井品质最好。因此，每到这个时节，茶香就开始诱惑着各地的茶客。正宗西湖龙井明前茶的开采与定价，总会成为杭州人茶余饭后津津乐道的八卦。有人说，西湖山地多为砂质红土，土质松软，富含磷

酸，对茶树的生长十分有利。西湖龙井茶集中产于杭州西湖景区的龙井村、梅家坞村、翁家山村等，那里甚至还有一家茶叶博物馆，是全中国唯一的茶专题博物馆。

如丝美绸

土生土长的杭州人，多数家里至少有一套上档次的丝绸衣服。杭州夏天气候炎热，丝质的衣服透气飘逸，穿起来既漂亮又舒适。丝绸是古老的温柔之梦，也是生机勃勃的现实。要想买到价廉物美的丝绸，大概去位于西健康路和新华路的中国丝绸城最好了。那里有上百家卖各色丝绸面料、成品衣物、工艺品的铺子，只要耐心杀价，必能淘到心仪的东西。有些小物件，如丝质小方巾、丝手帕等价钱其实相当便宜，很适合带一些回去送给友人。

绝活小件

北有"王麻子"，南有"张小泉"。一把讲究的张小泉剪刀，会选用浙江龙泉、云和的好钢镶嵌在熟铁上，并采用镇江特产质地极细的泥精心磨制，经千锤百炼，制作成剪刀刃口，并用镇江泥砖磨削。扇子工艺在杭州也是延续了上千年。南宋建都杭州后，不少制扇艺人汇集杭州，店坊云集，"买卖昼夜不绝"。西湖伞的名气更不用提了。大概白娘子和许仙手中没有这把道具，也恐怕无缘牵手了。

外滩

——黄埔两相望 怀旧亦摩登

▌撰文、图片/赵静 赵爽

外滩的美在于它同时拥有古典和现代的两种姿色，承载着140年历史的浦西万国建筑群与浦东的超现代摩登大厦遥相呼应。入夜，在江边漫步，看一轮圆月倒映在黄浦江上，喝一杯美酒或咖啡，将美情美景尽收眼底，多么浪漫。

· 入榜理由 ·

在外滩，看52幢各国建筑，感受不同建筑风格，了解不同建筑背后的故事，体验繁华都市与老上海风情的结合，感受十里洋场霓虹璀璨世界。晚上，游客们可以去参加车游外滩、船游黄浦江、登金茂大厦88层观光厅极目远眺等活动，从陆、海、空三个不同的视角感悟夜上海。而在城隍庙，那里的商贾小贩热闹非凡，古风盎然，游人如梭，仿佛回到了清末民初的民间小镇。

乐游TIPS
Tour TIPS

1. 建议夜晚乘坐渡轮横渡黄浦江，从浦西到浦东新旧两重天，赏两岸华灯初上。

2. 登上东方电视塔俯瞰万国建筑群，更能体会到旧上海大都会的浮华梦境。

◎ 交通

高铁旅行京沪之间4个小时就能抵达，方便舒服。若时间充足，还可以到周边的城市逛一逛，感受不一样的城市印象。

◎ 住宿

外滩周边众多高端酒店入驻，眺望浦东和看游船往来于江上和黄浦江岸美景融为一体。

◎ 旅行预算

2500元/人起

乐游随笔
Tour Essay

穿越时空爱上你

上海是个时光飞逝的地方，成名、立家、找感情都要趁早，一切都在慌乱之中，

真不知道上海故事里那些大家闺秀都去哪里了。所以，如果想看城市，那么请你去外滩，钢筋水泥之间的飞快节奏，吸引着着装时尚的"白骨精"们穿梭其间；如果想看上海，请你去找寻"石库门"，简单的巷子里是曾经从容淡定过的生活。一条黄浦江将上海一分为二，为了一切美好的事物，我们都曾经愿意花时间等待，花时间欣赏。

"外滩"位于浦西，全长约1.5公里，是上海的风景线。这里曾经是西方列强在上海的政治，金融，商务和文化中心。当年各国的领事馆大都集中在这里，外滩也是国际金融资本在中国的大本营，形成了独具特色的"万国建筑群"。随着历史的车轮不断前行，这个大都市对西方遗留下来的物质文化产物秉承取其精华去其糟粕的原则，以友好发展的眼光去传承发扬。百余年来，外滩一直作为上海的象征，也是游客游历上海必经之地。

外滩，被看做是一块风水宝地，不仅是财富的象征也是荣誉的象征，各国的建筑师在这里大显身手，二十余幢不同时期、不同国家、不同风格的建筑，无论是极目远眺或是徜徉其间，都能感受到一种刚健、雄浑、雍容、华贵的气势。

早晨，外滩是人们的健身场所；白天，它是繁华热闹的游览胜地；晚上，则是情侣的恋爱天地。绝美的爱情墙，让世界惊叹不已。浦江夜游更别有一番情趣，每当华灯初上之时，外滩各栋建筑物上灯光辉煌，一座座犹如水晶宫似的造型，令海内外游客唏嘘不已。"万国建筑群"的灯光夜色注定是繁华夺目的，风格各异的建筑物在那时陡然变得特别亮眼，而同时隔江相望的陆家嘴金融中心的美妙夜色同样尽收眼底。陆家嘴现代化商务中心地

带，高楼林立，其中东方明珠塔、金茂大厦和环球金融中心三座大厦显得格外醒目。这三幢大厦不仅是上海地标性建筑，同时也是高档商务写字楼及商业、旅游的聚集地。两岸在夜色下，展现着历史与现代的对比，昭示时代的不停变迁。或许，在夜色和灯光的照耀下，一切会显得越发的意味深长。

建成，位于上海黄浦江畔，塔高468米，卓然秀立于浦东陆家嘴地区现代化建筑楼群，与隔江的外滩"万国建筑群"交相辉映，展现了国际大都市的壮观景色。东方明珠塔11个大小不一、错落有致的球体晶莹夺目，从蔚蓝的天空串联到如茵的草地，描绘出一幅"大珠小珠落玉盘"的如梦画卷。263米高的上体观光层和350米处太空舱是游人360度鸟瞰全市景色的最佳处所。267米处是亚洲最高的旋转餐

乐"游"
Tour

品上海味——城隍庙小吃城

非常有名的上海"城隍庙小吃城"，有点像古代的皇宫厅阁，很大气，很华贵，很有韵味。这里对于上海的意义和价值等同于王府井一条街对于北京的意义和价值。美食、景点的合一，以及良好的旅游开发，让城隍庙小吃城有很高的名声和赞誉。城隍庙小吃城纵横交错的几条岔路都很容易区分，虽然很容易走串，但是不容易走丢。因为归到底，也就是那么几家老字号、商店、小吃店。迷失在这里，也是一种享受，在上海文化和上海饮食中陶醉自我。

隔江相望——东方明珠塔

"东方明珠塔"于1994年10月1日

厅。底层的上海城市历史发展陈列馆再现了老上海的生活场景,浓缩了上海从开埠以来的历史。

东方明珠开放时间:8:00——19:30

门票价格:第一球:100元/人

第二个球+陈列馆:135元/人

三球联票:150元/人

过江隧道(往返)+两球联票+陈列馆:150元/人,城市历史展示馆35元。

观上海新貌——金茂大厦

"金茂大厦",位于上海浦东新区黄浦江畔的陆家嘴金融贸易区,楼高420.5米。是融办公、商务、宾馆等多功能为一体的智能化高档楼宇,第3-50层为可容纳1万多人同时办公的、宽敞明亮的无柱空间;第51-52层为机电设备层;第53-87层为超五星级金茂凯悦大酒店,其中第56层至塔顶层的核心内是一个直径27米、阳光可透过玻璃折射进来的净空高达142米的"空中中庭",环绕中庭四周的是大小不等、风格各异的555间客房和各式中西餐厅等;第86层为企业家俱乐部;第87层为空中餐厅;距地面340.1米的第88层为国内第二高的观光层(仅次于环球金融中心),可容纳1000多名游客,两部速度为9.1米/秒的高速电梯用45秒将观光宾客从地下室1层直接送达观光层,环顾四周,极目眺望,上海新貌尽收眼底。

金茂大厦开放时间：8：30-21：30

门票价格：88元/人

世界焦点——上海环球金融中心

　　"上海环球金融中心"是位于中国上海陆家嘴的一幢摩天大楼，2008年8月29日竣工。是中国目前第二高楼（台北101大厦是中国目前第一高楼）、世界第三高楼、世界最高的平顶式大楼，楼高492米，地上101层。上海环球金融中心是以办公为主，集商贸、宾馆、观光、会议等设施于一体的综合型大厦。建筑的94~101层为观光层，79~93层将建成超五星级的宾馆，7~77层为写字楼，3~5层为会议室，地下2~3层为商业设施，地下3-地下1层规划了约1100台的停车位。在100层、距地面472米处设计了长度约为55米的观光天阁，这一高度将超过世界最高观光厅——高度为447米的加拿大CN电视塔。此外，在94层还设计了面积为750平方米、室内净高8米的观光大厅。以上海的都市全景为背景，观光天阁和观光大厅将成为世界新的观光景点。

环球金融中心营业时间：8：00－23：00

（最晚22：00进场）

门票价格：94层，97层，100层：150元

94层，97层：110元

94层：100元

乐 "吃"
Eat

低调绽放——月影

　　藏身在外滩5号的3楼，店内以红黑两色为主色调，有着低调的华丽。如果你选择了靠窗的红沙发，转头可以直接看到外滩和陆家嘴的景致。当季推荐的1388元澳洲海陆双人套餐十分丰富。山药沙拉佐红麹酱汁、焗烤龙虾附芝士蜜南瓜、香煎真鲷鱼配烤茄子佐百香果汁、澳洲和牛西泠，每一道都是当季经典的推荐。

地址：上海市中山东一路外滩5号3楼

电话：021-63231117

海纳百川——天地一家

这家北京故宫旁的名店来到上海后很好地做了本地化处理，环境上，很契合外滩老建筑的ArtDeco风格，餐厅用色简单雅致，没有浮夸的装饰，却有其他高级的燕鲍翅餐厅少见的庄重大气，以珍贵的欧洲古董家具配上著名中国当代艺术家的作品演绎出一种老上海书香门第的感觉。

地址：黄浦区中山东一路6号外滩6号3楼

（近广东路）

电话：021-63297333

路服饰市场，这里经常可以发现世界级名牌出没；被誉为"十里洋场"的南京路是上海标志性购物场所，比较上档次的百货店，一家是南京东路上的伊都锦；另一家是南京西路的梅陇镇伊势丹，都是白领丽人最爱光顾的百货大楼；徐家汇是上海另一个购物中心，这里的太平洋百货称得上是最拥挤的百货大楼，一年四季都在打折，东西又时髦又便宜。

石门路、茂名路、长乐路最大特色是外贸服装多；延安路到长乐路一带的小店也极有特色，是一些前店后厂的服装店，在这里买衣服可以方便修改，虽不是度身定做，可也差不多了；陕西路、长乐路附近小有规模地集合了一批鞋店，不要小看这些小店，两三百元，国外名牌鞋就可以拿下，值得好好淘淘。

乐"购"
Purchase

淘潮流购时尚

第一百货大楼群、上海广场、香港广场、连卡佛、美美百货、淮太、百盛购物中心，形成了淮海路的百货店一条街，在这里，可以满足不同消费层次的需求。盛和太平洋的服饰品牌以中档为主，打起折来十分实在；美美百货和连卡佛都是世界顶级名牌；与"贵族们"叫板的是襄阳

凤凰古城

——凤凰浴爱河 为你等千年

撰文、图片/薛娟 回璇

　　第一次听说凤凰，是在沈从文先生笔下的《边城》，从此这个美丽的小城令人魂牵梦绕。凤凰城，自古以来就是边陲重镇，康熙四十三年，人们发现此处西南边有一座山酷似展翅欲飞的凤凰，于是这座边城就有了这样一个动人的名字。

·入榜理由·

　　没来过"凤凰城"，就不算到过湖南，作为一座文化气息浓厚的古城，凤凰城从来都是年轻人的最爱之一。在凤凰城，可以去游览沈从文故居、北门城楼、虹桥、沱江、万名塔、夺翠楼、沙湾吊脚楼群——这些都是最具当地特色与历史感的经典去处，尤其是沈从文故居，当年翠翠就是在这里从沈从文笔下诞生。在凤凰城，当地小吃也是不能错过的，晚上坐在沱江边，边吃边欣赏美景，还可以与孩子一起去放许愿灯，为全家人祈福。

乐游TIPS
Tour TIPS

　　1. 建议大家选择个非节假日时去，人少古韵风味更浓。

　　2. 在进入古城时购买联票，可以参观古城内的名人故居及名胜古迹。

　　3. 姜糖就买镇竿张氏的，虽然价格最贵，但是确实好吃哦。在这里买东西都要还价。

◎ 交通

　　在凤凰古镇是不允许机动车进入的，步行即可，慢慢体味古城的魅力。

◎ 住宿

　　古城边和沱江边有很多小客栈，100块钱就能住一晚。可以杀价。

◎ 旅行预算

　　2000元/人起

乐游随笔
Tour Essay

一座凤凰城千年等一回

　　"为了你，这座古城已等待了千年……"在吉首有这样一块超大的广告牌，写着这样的话。现在不需要等待千年，只要想出发，随时都可以赴这场千年之约。在古城中遇见的人，哪怕只是回眸，可能都是曾经的约定。

　　经过5个多小时的山路盘绕起伏，终于抵达凤凰古城。第一眼看到凤凰城有种与众不同的感受，因为有沱江的相伴，凤凰城像是一个独立、静谧、孤傲的女子，透着灵气，更适合你来此怀旧，但并不适合感伤。

　　古城、小巷、流水、小舟、垂柳，还有从四面八方而来的人们，构成了一幅恬静和怡然的水墨画。在古城，踩在一块块青石板铺就的小巷里，似乎能感受到一群苗族孩子在欢快地奔跑；抚摸那一垛垛的古城老墙，似乎能感受到历史渐行渐远的足迹。古老朴实的沱江在城墙下静静地流淌着，澄碧如练的江面上，一只只竹排与篷船悠悠划动着，间或有满载着游客的游船驶向江心，激起一阵阵浪花，洒下一串串欢笑，打破沱江的宁静。那一幢幢临江的吊脚楼似乎是沱江天然的守护者，不言不语，不离不弃，任时光如流水般游走，它却依然坚守。

等夜幕降临，江两边的景观灯都缓慢开启的时候才发现，这美艳，才刚刚开始。利用这个时间，不妨卸下行装，只带着轻松的心情，在古城里好好地逛一逛。各种琳琅满目的小店，各种特产小店，还有来自各地的游客，当然还有更多精彩的风土人情等着我们呢。

夜色中的古城更像浓妆艳抹的女子，妖艳妩媚，漫步沱江边，两岸酒吧俯拾即是，一串串红灯笼挂在酒吧所在的吊脚楼外，红色的灯光倒映在江水中，形成了一幅绝美的风景。去过凤凰城的人都知道，在横跨沱江的跳岩上，能看到整个镇子的全貌，这原汁原味的风景，让人既兴奋又震撼。

石礅与石礅相隔而立，走出去时，潺潺的江水就在脚下，来往的游客会与你擦肩而过，熙熙攘攘的人群、潺潺的水声，在望向古城夜色斑斓美景

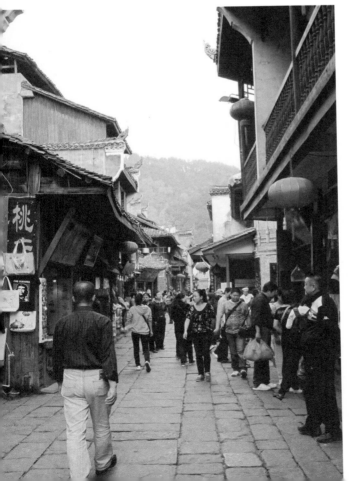

的那一刻，仿佛心被抽离般地静止了，耳畔听不到喧闹声，只想将眼前的美景留在心中，全部记住。此时此刻，你心中已深深爱上凤凰城，却可惜不能长久的留在这里，只能做一个步履匆匆的过客，收获着短暂的宁静。

即使再不舍得，也有要挥手说再见的那一瞬间。穿梭于小巷之间，这样的小巷，总是容易引起别样的遐想。悠长，深远，从这一头走到那一头，总有未知的遇见。

乐"游"
Tour

山清水秀——芙蓉古镇

山清水秀的"芙蓉镇"，是一座有两千多年历史的古镇，因当年拍摄了刘晓庆主演的电影《芙蓉镇》而得名。古镇三面环水，一面靠山，青石板长街从码头依山蜿蜒而上，奇特别致。漫步在年代久远的吊脚楼、石板街、老码头，品尝着"刘

晓庆"的米豆腐、田螺、蒿草粑、灯盏窝桂花鱼，都是一种享受。

湘西第一神山——天门山

一直被当地人奉为圣山，被誉为"湘西第一神山"和"武陵之魂"的"天门山"，早在三国时期就以"天门洞"而得名。山上终年云雾缭绕、好似仙境。堪称世界一绝的天然穿山溶洞——天门洞，遥看千里山川，仰望万里云天，视野无边开阔，仿佛翱翔于太空之上。"天门吐雾""天门霞光"的奇观，让你不得不惊叹于大自然的鬼斧神工。山上气温与山下天气反差比较大，建议自带防寒衣服和雨具。

乐"吃"
Eat

千丝万缕——留香姜糖

古城内随处可见制作姜糖的小店，把磨好的姜和糖用一个大锅煮熟。然后将熬好的姜糖倒在一个光滑的大理石平台上冷却（也可以简单的，就是桌子，只是要在上面铺一层铁片，以免姜糖粘住桌子）。在冷却的过程中要不断地翻动姜糖。等姜糖慢慢地由液体变得较硬以后，再挂在一个钩子上不断地拉扯，就是拉扯成丝。等姜糖完全变硬，再也拉不动的时候，重新放在平台上，用剪刀剪成小块状即大功告成。

姜糖不仅好吃，还对感冒有一定的疗效，所以姜糖不像糖果那样甜得发腻，也不会像姜那样辣得透不过气。稍微的甜和恰到好处的辣，再加上现在姜糖的芝麻味，真令人唇齿留香，回味悠长。

满口酥脆——黄氏香酥条

"黄氏香酥条"是网上盛传的很有名的特色小吃，店铺就在古城内，很好找，老板人憨厚可掬，手脚麻利，门脸很简单，一个大大的油锅，一盆子糯米面的东西。现做现吃，外酥内软香甜脆，香糯可口，价格3元一条，很便宜，吃起来很方便，可以试试。

阳朔

——山水甲天下 绣球定终身

▌撰文、图片/刘金艳 郭晓云

　　"桂林山水甲天下，阳朔山水甲桂林。"乘船来到阳朔，仿佛漂荡在一幅天然的水墨画中。这里没有高楼大厦，有的只是小城的安逸，刘三姐的动人传说、阿哥阿妹的定情山歌、自然风光与风土人情融为一体，果然名不虚传。

·入榜理由·

"阳朔"是国内小城里最堪与丽江相媲美的背包客圣地,可以说各有千秋,被共同称为小资天堂。阳朔,无论是徒步漓江还是漂流遇龙河,抑或骑自行车在田野间,都会感觉人在画中游,刘三姐的传说更为这里渲染了一层爱意。

乐游TIPS
Tour TIPS

1. 在岩洞中游览时不用考虑冷的问题,实际上岩洞中很闷热,可适量减少衣物和装备,同时岩洞中地面湿滑,光线较暗,要注意跟队行走。

2. 观看《印象刘三姐》时可自备望远镜;门票可提前订好,根据旺季、淡季的不同,票价相对有差距,马路边卖票者不可信。

◎ 交通

　　豪华大巴:桂林—阳朔

　　自行车:环游县城

◎ 住宿

　　漓江畔小客栈

◎ 旅行预算

　　2000元/人起

乐游随笔
Tour Essay

小镇故事柔情似水

作为喜欢在旅行中悠然闲逛的人,必去位于阳朔县城中心的西街。西街是阳朔比较古老的石板街道了,大概有1400多年的历史了。这条街并不长,也就500多米的样子,不规则的大理石铺成的路面,雨后有点湿漉漉的,带着几分历史的沧桑感。街道两旁都是古香古色的房子,每家都是装饰得很有民族特色又有个性的店铺,卖小吃的、卖服饰的、卖手工艺品的,有咖啡馆、甜品店、酒吧、餐馆。总

之，吃喝玩乐一应俱全，而且每家都有让你驻足的亮点，吸引你走进去细细观看。

在阳朔的街上溜达，最不用担心的事就是被饿到，光是满大街挑担子卖各种吃食的小贩就能把你的肚子给喂饱，柿子、柿饼、栗子、芋头、百香果……还有随处可见的阳朔特色小吃"五香豆腐"，更是不可不尝，大大的一块铁板上，整整齐齐码放着几厘米见方的豆腐块，上面撒了调料，颜色橙黄，每块豆腐上又都点缀着一小撮绿色的香葱，颜色煞是好看，花上5块钱买上3块，摊主用铁铲小心翼翼地把豆腐铲起放进一个小碗，再加上一勺酸豆角，用小勺吃上一口，淡淡的鲜辣豆香，配合着开胃的酸豆角，口感真是丰富极了。

除了各种吃，也不要忘了去看看壮族歌仙刘三姐和他的阿牛哥定情的大榕树，这棵大榕树已经有1400多年的历史了，已然独木成林，历经沧桑依旧枝繁叶茂，现在人们已经依着这棵大榕树建了一座公园，大榕树下的金宝河水清平缓，明丽如镜，吸引了很多游人在这里拍照留念，如果有兴致的话还可租借一套民族服装仿若把自己打扮成刘三姐，留下永久的纪念。

乐 "游"
Tour

说到阳朔的特色，《印象刘三姐》总会挤进前三强，久负盛名的《印象刘三姐》表演，是大型山水实景演出，以自然为背景，加以灯光的渲染，令整个场景更加3D化、真实化。每天晚上在漓江山水剧场上演两场，漓江山水剧场坐落在漓江与阳朔田家河的交汇处，山为幕布，水为舞台，表演者和观赏者都融入在大自然中。远处星星点点的山峰，近处五光十色的桥，以及熙熙攘攘充满期待的人们。因为是室外实景，最开始并没有丝毫的亮光，就因为这份神秘感，才令所有的人感到兴奋，突然间，原本黑漆漆的场景陡然亮起，远处的山倒映在水里，一叶扁舟徐徐划过，上面的表演者开始唱起山歌，声音回荡在观众耳边，更回荡在山间，这绝对是一场超值的表演。

吸纳日月仙气——月亮山

在阳朔城南8.5公里处桂荔公路西侧有一座村庄叫高田乡凤楼村，村内有一座被誉为天下仙山，天下灵山的"月亮山"。月亮山海拔380米，有一段山壁平如屏风，山壁中间有一个直径30多米的圆孔，从山下望去，有如天边的月亮，最为奇妙的是还能移步换景，在不同的角度分别能看到满月，半月甚至弯月的景象，同时月亮山的自然条件也是众多攀岩爱好者的好去处。

乐"吃"
Eat

满城飘香——谢三姐啤酒鱼

如果说桂林三宝是米粉、三花酒和豆腐乳，还有一大吃不能不尝，就是满城飘香的阳朔特色菜啤酒鱼了，街上的啤酒鱼餐馆一家挨一家，大都依水而建，透着就是一个新鲜，绝对可以称得上是第四宝！

"谢三姐啤酒鱼"是位于阳朔步行街上的一家很热闹的店，这家店何炅，李湘，张艺谋都曾经尝试过，相信味道一定不会错的。端上桌的啤酒鱼从里到外透着的都是诱惑，鱼身上铺满绿色的辣椒和红色的番茄，隐隐露出炸至金黄的鱼身，呼吸到的空气都是鲜辣中混合着浓浓的啤酒香气，吃上一口，嘴里的鱼肉裹挟着酱汁鲜嫩紧致，无一丝鱼腥之气。虽说此鱼的做法并不难，但是离开了阳朔可就不是这个味儿了，只能学其形却不能取其魂。因为阳朔的啤酒鱼正宗二字的秘诀就在于选料于漓江里鲜活的鲤鱼，又用漓江水煮制，更何况鱼的烹炸采用的还是桂北山区的生茶油，就连啤酒也是产自桂林的，所以要想吃这口儿，别无他法，只能来这里。

价格：啤酒鱼：40元/斤；肉末田螺：38元/例；牛肚丝：32元/例

地址：阳朔县叠翠路阳光100内（近芙蓉路口）

金字招牌——前世小吃

这家店店面虽小，经营的小吃食兜儿可是来头不小，是始于乾隆年间，有300年历史的传奇小吃了，怪不得招牌上有乾隆他老人家的画像坐镇呢。主打食品叫做食兜儿，每个8元，付完钱收银员会给你一个乾隆通宝的铜钱给你做凭证，把铜钱交到店里小妹的手上，她就去为你现做食兜儿了。食兜儿有点类似于煎饼，分为两种口味，传统、牛肉。传统口味馅料主要为蟹肉、蟹黄、鱼肉、黄瓜、肉末等，制作的过程就让人垂涎欲滴了，卷在一张薄饼里，然后再裹上一层荷叶，咸鲜美味。牛肉口味的馅料主要是牛肉和萝卜，再配上黄瓜丝卷在薄饼和荷叶中，剥掉荷叶，露出白嫩嫩的食兜儿，一口下去鲜香满口，黄瓜丝和荷叶带来的清香又解掉了些许油腻，也是很不错的一款小食。

价格：传统口味食兜儿：12元；牛肉口味食兜儿：6元

地址：阳朔步行街路口下坡段左侧10米

乐 "购"
Purchase

手工织造——布织道

较有名气的手工织布店，在南方有

的优惠。掌握了游客的心理，店里人很多，大部分都是买回去分给亲朋好友，所以买六送一的优惠很诱人。店里面大部分糕点16元/盒，200~300g不等，价钱适中，可以在买之前好好尝尝喜欢哪个口味的，直接询问店员即可。它们的店员服务也不错，问的问题都能及时解答，即使在店内人很多的情况下。还有这家糕点味道真的不错，尤其推荐玫瑰花干，都是很不错的伴手礼。

民族风情——红猫

很受欢迎的一家小店，里面的服饰充满了民族风。一般你还不会太注意它家，店名也不很醒目，但它家的特色就是在门头上的一排灯笼，和一排红色的招财猫，让人过目不忘。灯笼成了这条街的一道亮丽风景。值得一提的是他家的手工戒指，玉石与金属的结合很有艺术感，价位稍贵，大概50元左右。红猫位于西街步行街的中段，最醒目的标志就是那一排红色的可爱的招财猫了，怪不得它家得到了不少驴友的好口碑呢。

不少分店，店内装修很有民族风情，木制为主，在每家店的门口，都会放置一部手工织布机，有专业人员在那里织布，当然如果你请求她们教你，运气好的话确实可以学到一点点哦。店铺里大部分卖的是围巾和披肩等，手感很好，纯手工DIY，价格也适中，大概50元左右。在西街还有很多类似的店铺，大大小小十多家，例如布言布语等，很容易找到。

可口回礼——麻公饼

在众多糕点店里脱颖而出，不仅设置了店内各种糕点的试吃，还有买六送一

SELECTED
ROMANTIC
优选浪漫地

大概，每一座城市都会有这样的地方，
不是旅游的必备景点，
却在旅行者之间口口相传，
使此后慕名而来的人急急探访。
每一座城市也都有这样的地方，
它融解这座城市的文化基因，
塑造着只属于此地的生活方式，
比如左岸之于巴黎，比如后海之于北京。

什刹海
——夜暧昧 夜时尚

┃浪漫元素：情侣泛舟、酒吧赏夜

过去，有人把"什刹海"称做活的《清明上河图》。这里的四合院和胡同，包含着众多历史人物与风云事件的线索。现在，在什刹海依旧能够品味到那似乎早已远去的皇家遗韵，但有所不同的是，这不再是只属于老北京人的记忆。或许这里多了些浮躁，但它依然令人心动，散发出暧昧。

乐 "游"
Tour

游一把王府故居

* 醇亲王府

位于后海北沿44号。康熙年间，明珠长子纳兰性德曾经在此吟诗作赋，有《纳兰词》传世。明园中南楼前临水有两株古老的"明开夜合"，据说是明珠长子纳兰性德亲手所植。光绪年间，这座府邸又赐给了光绪的生父醇亲王。

* 恭王府

位于前海西侧柳荫街甲14号的恭王府花园，是现今北京保存最完整的清代王府，当年曾是乾隆宠臣和珅的私宅，后由慈禧赐给了恭亲王。此间有"三绝"：福字碑、西洋门、大戏楼，还有"一宝"，就是满院子的"福"字，游客可要好好蹃摸蹃摸。

* 梅兰芳故居

梅兰芳先生一生中的最后１０年，是在什刹海西北隅护国寺街９号度过的，这是一座典型的北京四合院，如今已成为人们缅怀大师的观光景点。

逛一逛老街

* 烟袋斜街

位于地安门大街北端西侧，是自西北斜向东南通往银锭桥的一条长度不足百米的小街，街边建筑基本保存了清代风格，当年路两侧都是出售古玩、风筝等民俗工艺的小店，街西北口还有家出售烟袋的小店，门前斜挂一只特大号烟袋，"烟袋斜街"之名由此而来。如今这条街还是卖些有情有趣的小东西。

访一回古刹

镇水观音庵（现在的郭守敬纪念馆）

知名度最高的寺庙，是明代皇家为企求缓解京城水患而修建的，乾隆二十六年重修，改名为汇通祠。元代郭守敬曾在此治理永定河。

* 广化寺

这座位于鼓楼后西侧后海北岸的鸦儿胡同31号的７００年古刹建于元代，东临银锭桥，西傍宋庆龄故居。清宣统元年在此筹建京师图书馆，鲁迅先生曾在此任职，现在是北京佛教协会所在地。

转一趟胡同

逛什刹海的胡同，不能不去金丝套。以银锭桥分界的前海北沿、后海前沿、柳荫街与前海西街之内的地区，有18条胡同蜿蜒曲折。窄小的街道、传统的商家、簇拥的人流，是个可以怀旧的好地方。这个地区值得一提的是会贤堂，位于前海北沿18、19号。建于清代，光绪年间是"莲花诗社"的所在，梁启超、王国维、鲁迅、郁达夫、梅兰芳等名士都曾在此徘徊。

登一座古桥

＊ 银锭桥

架在前海和后海的交接处，据说早年的这座小桥像一个倒置的元宝横卧在两海之间，故被人称做"银锭桥"。明代人李东阳称此处为"城中第一佳山水"。古时站立桥上，可以远眺西山，故有"银锭观山"胜景之称。

＊ 万宁桥

位于鼓楼南侧的万宁桥堪称北京历史最悠久的桥梁。万宁桥最早叫"海子桥"，始建于元代，是什刹海水域由湖变河的闸口，是皇城水域和平民水域的分界线。

乐"吃"
Eat

尝一桌佳宴

＊ 孔乙己

虽然这家店不是孔乙己在北京的总店，但作为一家绍兴菜馆，临水而建，在里面享受美食也是一件很有情调的事情了。菜品的分量虽然不大，但口味都不错。

地址：西城区德胜门内大街东明胡同甲2号

* 茶马古道

外观看起来很现代的云南菜馆，没有那些竹子植物之类的做背景装饰，你依然会觉得这间云南菜馆的菜品很地道。坐落在什刹海边，景色很美，艺术气息浓郁。

地址：西城区什刹海前海西沿荷花市场甲19号12-13室

泡一晚酒吧

* LOTUS莲花

二层小楼，环境安逸舒适，有好听的音乐，不少电影的取景地，明星达人经常在此泡吧。调酒师是个帅小伙儿，落地窗可以眺望整片什刹海。

地址：后海烟袋斜街29号

乐"购"
Purchase

淘一些小物件

* 火柴语录

顾名思义，火柴语录当然是卖火柴的啦，但是这里的火柴可是会让你喜欢到不舍得用的，各种图案的火柴盒，你想得到的想不到的都能在这里找到，像闪闪红星、毛泽东像、工农兵形象到NBA、梦露、CocaCola应有尽有。价格从10元至20元不等，而且不接受砍价。

地址：荷花市场入口约100米处

* 蓝莲花

这是荷花市场中很不一样的一家店铺，中式的屋顶加上透亮的落地窗，一看就很招人喜欢。蓝莲花出售的东西很杂，

从30元一块的元代四神瓦当冰箱贴、写着红色"什刹海"三个大字的小本子、小脚形状的针线包到仿制的青花瓷，京味儿、沪味儿以及各个朝代的风格在这里浑然一体。

地址：荷花市场出口处

乐游TIPS
Tour TIPS

· 推荐理由 ·

元代的商业中心，明清起成为富人与文化人聚集的高尚社区。如今，来到海子边儿上，仍可以被四周涌动的、浓郁的

老北京味道所包□□……
绿，与时俱进，别□……

✻ 交通

地铁2号线积水潭站下□……步行至后海餐饮酒吧一条街；乘60、5、124路到鼓楼下车；或108路到地安门站；111路到北海北门，均可到达后海一带。

✻ 住宿

什刹海周边有很多老北京特色的四合院旅馆，建筑保留老北京古建筑风貌，可以体验老北京人的地方生活，同时又享受到贴心的服务、方便的交通，所有客房古典、干净、典雅，价格适宜。

✻ 建议游览时间

两天

✻ 最佳游览方式

自行车（那儿停车太难，路太窄，开车去不得劲）

✻ 单、双人自行车租赁处

前海西街，后海西沿

✻ 人力三轮车胡同游出发地

前海西街南口

✻ 购物提示

小店里的商品大都没有百分之百的明码标价，可以和店主讨价还价；店中配备了POS机，能够支持银联、VISA等信用卡消费。

青岛
——文艺城 吹海风

┃浪漫元素：欧式建筑、蔚蓝海岸

　　走在青岛梁实秋故居，想起梁实秋先生所说的青岛："到处都是红瓦的楼房点缀在葱茏的绿树中间，而且三面临海，形势天成。青岛的天气冬暖夏凉、风光旖旎，而人情尤为淳厚。"来到这里，眼见的一切会让你无可救药地爱上这里，异国风情的建筑从此魂牵梦绕，迷恋毫无理由可言。

乐"游"
Tour

演一幕童话

＊ 八大关

位于"八大关"的别墅区与青岛的老城区一样，旧出了味道。趁着午后的阳光正浓，漫步关内，视线所到之处皆是尚未绿透的梧桐和盛开的蔷薇，一幢幢德式、俄式、英式、法式、意大利式、西班牙式、日式的别墅高低错落，疏密相间。虽然几乎清一色的红顶黄墙，却有或古朴典雅、或清丽活泼的不同味道。虽说八大关别墅区是由几条相互交纵的深邃街巷组成，可是旧居于此的老青岛们却说在这里你永远都不会迷路。"只要朝着路旁的花圃里看看，便知自己身处何处"，这是八大关的又一特点。韶关路两侧种植了几百株淡粉色的"碧桃"与黄色的连翘；宁武关路上则植满了海棠；正阳关路是尽显风姿的紫薇，难怪许多人都把八大关称之为"花街"。现在的八大关已经没有了往日的喧嚣，那些老别墅或被闲置，或是成为机关部队的疗养院。晴朗的日子里，街道上、树林里时而可见相拥的情侣，还有穿着白色礼服和婚纱拍摄婚纱照的新人，仿佛上演着一出出现代"安徒生童话"。

很多人会在一幢欧洲古堡式建筑前停驻，其正面造型由圆形和多角形组合而

成，楼内由花岗岩贴面，楼外又砌有鹅卵石，为典型的欧洲古堡式建筑风格，又融入了希腊式、罗马式以及哥特式的建筑特色。这就是八大关中最著名也是最有代表性的一栋别墅——位于黄海路18号的蒋介石旧居花石楼。

德国人不仅给青岛留下古老的建筑，还留下了欧式的建筑风格。青岛的楼房，多用缤纷的色彩，这在国内是不多见的，几乎清一色的红色屋顶，更成了青岛市的一大特色。欣赏蔚蓝碧绿掩映着的一片片红瓦。在这样一个绿树成阴的蔚蓝海岸，如果没有那些红瓦的屋顶，未免过于沉静，过于忧郁。正是这些"红瓦"，为这个城市带来浓浓的暖意。

乐 "吃"
Eat

喝一罐青啤

＊啤酒街

　　登州路上的啤酒街是你在青岛绝对不能错过的地方，这条以青岛啤酒厂为中心而建的街道，四周林立着各式各样的大排档。虽说街道不宽，可是热闹非凡，尤其是到了晚上，青岛最地道的市井气息在这里彰显得淋漓尽致。青岛人生性豪爽，三五知己来此小聚，几盘生蚝，一桶扎啤，虽说简单，却透着一股实在劲。在这里你总能见到喝高了的人，在马路边打了车，把着车门却又不

上，或是走在路上拍着胸脯说着豪言壮语，很是有趣。据说，啤酒街的啤酒是全青岛唯一由青岛啤酒厂专供的当天产的啤酒，所以这里的啤酒都透着一股清新的麦芽香，怪不得就连酒量超好的老青岛都不免喝得上了头。而对于那些运送啤酒的搬运工人来说，夜里的啤酒街无疑就是他们的天堂。将那些装满啤酒的木桶卸下来之后，他们就会一如既往地要一大杯冰镇啤酒——只有喝到那种凉得让人浑身一颤的啤酒，这才会心满意足。

　　不管你在这里逗留多长时间，都不会有人提出反对意见。你可以找出一份报纸，坐在小吃摊上磨蹭半天，或是和街边的排档老板聊些花边新闻，你甚

至可以将这里当做某个时装发布会的秀场，悠然自得地欣赏街边来来往往的各式青岛美女。

乐"购"
Purchase

购一季时尚

* 香港中路

青岛的购物环境很好，这是一个很容易让人刷爆信用卡的城市，或许它的时尚你还未曾全部察觉，但如果你深入其中，便会轻易发现，青岛是一个会让购物狂都大呼过瘾的地方。好像全世界最让人败家的城市都有一个共同特点：就是它的购物点十分集中。青岛

的时尚新区主要集中在香港中路一带，这里高楼大厦林立，完全是大都会的模样，更是购物的好地方，不少国际名牌都在这里设立旗舰店，比如路易威登、PRADA、GUCCI等。除此之外，阳光百货中的"星巴克"和"哈根达斯"也让这座城市的小资气息更加浓厚。香港中路上的酒吧与北京和上海的酒吧有一点颇为不同，许多都是临街而立，敞开式的设计给人感觉更是悠闲写意，让游人彼此间的距离更加靠近，其中有不少人士更喜欢在酒吧点上一杯酒水后，端着酒杯当街而立，边饮边聊。不知为什么青岛人这么爱站着，是为了高效率，还是减肥？这个问题在朋友那里找到了答案。她说要是坐着，喝醉了就站不起来了。

乐游TIPS
Tour TIPS

· 推荐理由 ·

若只有3天假期，你可以直奔青岛，青岛的精彩，在于它所独具的海与山的双重气质，在于易于亲近的欧亚风情，更在于海与城市完美的结合。

* 交通

自驾车的话走京津塘高速—杨村出口—天津外环—京沪高速—济南—济青高速—青岛，单程需10小时左右，来回全程约1700公里。如坐火车的话，北京南站每天有8趟车到青岛，全程不到6小时。

* 住宿

高档宾馆多在临海的市南区，如五星级的海天、香格里拉、丽晶等。观潮听涛，得天独厚。自助游预订酒店的最佳位置则是火车站栈桥附近和市政府附近，来往各景点都方便。

* 建议游览时间

3天

* 贴心提示

1. 在啤酒街吃烧烤，点菜是一门学问，先上10串烤海虾，再来两只烤海胆，即使吃得差不多了，最后的海蛎子疙瘩汤也绝对不能少。

2. 想将青岛的"蓝天绿树红瓦"和海滩以及现代化高楼的美丽景色尽收眼底，就要到小鱼山公园，山虽不高，但眺望景色绝佳。

3. 帐篷最好带双层的，海边雨水多。地钉也要打结实了。

扬州
——忆江南 三月春

浪漫元素：游走深巷、赏味淮阳

　　无论是"烟花三月天"，还是"二分明月夜"，"下扬州"的念头总在此时强烈地撞击着"最是忆江南"的心鼓。不仅有瘦西湖的春意盎然，也有淮扬菜系的美食垂涎，在烟花缥缈的季节，闯入惬意的扬州百姓生活。

乐 "游"
Tour

串一街一巷

如果要用一件物品代表扬州，或许有人会说早已唱响千年的"二十四桥"与桃柳相映的"瘦西湖"。可当你游走在扬州城的古道小巷，发现一口古井、一株老树、一位深巷走出的老人、一曲悠然入耳的琴音时，他们不显眼、不招摇，却更像是扬州的魂灵所在。或许富春茶社的小曲正等着你去附和，彩衣街的某件唐装正等着你去裁量，广陵琴社的琴弦待你去拨弄，古籍书店的藏书要你来开启，骨子里

的扬州需要你细品味慢咀嚼。

小楼一夜听春雨，深朝明巷卖杏花。这样的场景大概除了苏、杭之外，可能也就只有在扬州出现了，然而由于苏、杭城市建设的加快，老街巷大都湮没在现代建筑中，那一声"卖栀子花、茉莉花嘞"的叫卖早已经不在耳畔回响了，而在扬州的老城有一大片的老街、老巷，它们就如同年迈而学识渊博的老者，静静等待每一个发现它们的朋友。喧闹的市声，是磨剪子的高声的叫卖；爽朗的笑声，是阿婆、阿姨在井边洗衣的欢畅；奔跑的嬉嬉声，是伢童们在追逐的叫喊。而到了午后，各家各户的门口，老爷爷们安详地端

坐在藤椅上闭目养神，收听着电台中传来的戏曲、评话，老奶奶们则在打毛线或者择菜，旁边懒懒地睡着小猫小狗，一同享受午后的阳光。到了晚上，年轻人都回到了家，吃完晚饭，或者看看电视，或者打打小牌，享受一天最休闲的时候。如果去到扬州，这些老街巷是不得不走的，斑驳的墙壁，用手去摸一下，可以感受百年的穿越。

<hr>

唤一声梨行

位于扬州老城南端，一条东西走向蜿蜒的小巷，足有三百多米，苏唱街往西便是国庆路，而丁家湾往东则是徐

凝门路，此路往南不远就是"何园"了。这里曾是扬州梨园总局的旧地，也是"老郎庙"的所在，故而唤作"苏唱街"，当年的昆曲艺人们来到扬州首先就要来到这里祭拜梨园行的祖师们，谓之"挂牌"，而到城北的司徒庙开锣首演谓之"挂衣"。由此可以想见当年的热闹。只可惜梨园总局和老郎庙早已经湮没，"老郎碑"也无处可寻，而苏唱街的名字却流传至今。昆曲剧团在扬州的消逝并没有影响它的喧嚣，巷内有许多高高的门楼，想必是住过不少豪商大贾。而位于苏唱街西头的扬州浴室也曾接待过梅兰芳、马连良这样的艺术大师，他们到扬州演出，也没有忘记享受一下扬州的"水包皮"。

乐"吃"
Eat

<hr>

做一天扬州百姓

* 大煮干丝

主要食材：干丝、河虾仁

提到淮扬菜，一定离不开干丝，也是凸显扬州菜刀功高卓的代表菜。普通的煮干丝，一般都以鸡汁来煮，豆制品吸收了鸡肉的鲜美，美味异常。而干丝也有奢华的做法，如乾隆六下江南，扬州官员献上的"九丝汤"，用干丝外加火腿丝、笋丝、银鱼丝、木耳丝、口蘑丝、紫菜丝、蛋皮丝、鸡丝烹调而成，有时还外加海参丝、蛏干丝或燕窝丝，光听这些食材就能想象到有多味美。

✱ 蟹粉狮子头

主要食材：肉糜、蟹粉、玉兰菜

说到狮子头，自然会想到淮扬菜。传说是隋炀帝游幸时，以扬州万松山、金钱墩、象牙林、葵花岗四大名景为主题做成了"松鼠桂鱼"、"金钱虾饼"、"象牙鸡条"和"葵花斩肉"四道菜，后来葵花斩肉被改名为"狮子头"。"狮子头"看似用材、制作都简单，实际不然，要获得肥而不腻的口感，肥瘦比例很有讲究。

去哪儿吃

✱ 富春茶社

得胜桥街因"富春茶社"而闻名，富春茶社也因得胜桥街而兴旺。一到富春门口，就知道这是一家上百年的老字号，古朴庄重的门面，三层阁楼式的建筑，中国传统园林的内部构造。点一份简单的扬州细点套餐，泡一杯上好的魁龙珠茶，细细品尝吧。

✱ 锦春大酒店

扬州古运河流淌了两千多年，千年东关城门依旧有迹可循，就在东关城门旁边的这家酒店也向你呈现古老的扬州。在这里不仅可以品尝到正宗的扬州菜肴，还可以玩味到扬州的古玩珍赏。无论是传统淮扬，还是新派扬州菜，这里都将呈现。

乐"购"

Purchase

制一生刀剪

出了苏唱街便来到国庆路，国庆路往北不远就来到了得胜桥街，它的闻名不仅因为里面隐藏着百年老店——富春茶社，而是这里是扬州三把刀的大本营。一入巷口，就看见街巷两旁大大小小的刀剪店，年轻的有几十年，年纪大的要百十年，"唐正兴"、"胡顺兴"这样的刀剪老店便坐

落在这里。抽空到这里带一把菜刀回家，可能在厨房会用个几十年甚至一辈子，还有那神奇的修脚刀，不妨也买一副吧。

裁一件唐装

"彩衣街"因沿街贩卖布料和制作成衣而得名，可如今这些店铺大都不存在了，只留下了"启明唐装"这片小店，师傅姓陆，年过花甲，制作传统中装是远近闻名的，地道的盘扣味道十足，不少老人过寿做一件中装，这里成了首选，年轻的姑娘们要裁一身旗袍，也纷至沓来，灵动的蝴蝶扣、稳重的琵琶扣都是那么动人，修身的旗袍又是那样的贴身，难怪姑娘们越穿越美。

乐游TIPS
Tour TIPS

· 推荐理由 ·

扬州的瘦西湖历史悠久，受历代造园专家的青睐，在十里长的湖区两岸营造了"两堤花柳全依水，一路楼台直到山"的胜境。"观音山"上寺院遍布，有"江南第一灵山"之称。扬州还有历史悠久的古刹"大明寺"，有"城市山林"美誉的何园，四季假山著称的"个园"和众多皇帝行宫遗址，等等。到扬州还一定要到市中心"声名远扬"的四望亭路美食街吃特色点心。

※ 交通

北京前往扬州需2天，周末非常适合，你可以在周五晚上乘坐21:36的Z29次火车，周六早上7:39到达扬州。周六、周日就可以在扬州玩上2天，而周日无须住宿，晚上20:33再乘坐Z30次火车，一早6:36就可以回到北京了，还不耽误周一的工作。

※ 住宿

来扬州如果能够小住几日，自然是极美的事情，体会一下扬州的夜色，走一走扬州的古运河，凉风习习，当然还要泡一下扬州的澡堂子，享受一下"水包皮"的悠哉时光。

※ 建议游览时间
2天

※ 贴心提示

传统扬州菜自然是到老字号或名牌酒店品尝，然而还有一些小店，养在深巷，要不是熟人带路，你是很难找到的，有兴趣的不妨走一走，找一找。

庐山
——庐山恋难忘怀

浪漫元素：爱情老电影、住老别墅

当年新中国第一部浪漫爱情电影《庐山恋》，成为那时人们心中的纯爱写照，"庐山"也因此成为爱情的圣地。庐山素有"匡庐奇秀甲天下"之美誉，连绵山峰犹如重叠的屏风，时而悬崖峭壁，时而缠绵起伏，像极了那件疯狂的小事——爱情。

乐 "游"
Tour

踏入—仙境

　　庐山地处江西省北部鄱阳湖盆地。山体呈椭圆形，典型的地垒式长段块山约25公里，宽约10公里，绵延的90余座山峰，犹如九叠屏风，屏蔽着江西的北大门，以雄、奇、险、秀闻名于世。

　　时而悬崖峭壁、幽林叠谷；时而云海趣雾、飞瀑银泉，仿佛置身于人间仙境，云绕雾缭，水天一色，这里就是庐山——历史悠久、山川秀丽、人杰地灵的宝地，演绎着如梦幻般美轮美奂的独特风景，充满了幻想，又颇具神秘气质的人间仙境。

　　踏入这片人间天堂，一整天都在为这个大自然杰作而惊叹。在襟江带湖的峰峦中，琴湖、天桥、锦绣谷、好运石、险峰、谈判台旧址、观妙亭、仙人洞、石松、御碑亭像数百颗宝石、翡翠散落在峰峰岭岭，镶嵌在峡间谷中；搭乘大口索道往返缆车，尽情领略奇峰怪石，葱茏苍翠，水天一色，云海雾涛，亦真亦幻的人间仙境；还有牯岭芦林湖碧波粼粼，如琴湖水光潋滟；造型别致的庐山博物馆，在大自然的鬼斧神工面前，也丝毫不逊色；参观毛泽东诗碑园，在这样壮观与唯美的画面中，身处这座艺术的殿堂里，亲身感受伟人留下的千古绝唱。

住—老别墅

　　对于老辈人来说，庐山是一个神圣的地方，尤其是对于那些曾经戎马生涯的老军人来说更是如此。这里是政治家们指点江山的地方，无数名人在这里停留，这里又是许多伟人喜欢前来疗养的地方。你看看那些位于山间的各式别墅就会明白。

　　庐山的名人别墅已经是庐山最重要的景致之一，有人评价说，这里是"万国建筑博物馆"。的确没错，长久以来，关于庐山到底有多少座别墅，体现了多少种建筑风格一直是一个谜；而最近有人统计是636幢，有着16个国家的建筑风格——让人叹为观止。现存的庐山别墅中最早的建于1896年，而1935年以前建造的别墅有324幢，其中，"庐山会议"旧址及别墅群已经被列为全国重点文物保护单位。

能在人间仙境居住、做神仙岂不乐哉？趁着早晚山间弥漫白色雾气的时候，沿着山坡石阶行走，穿梭于老别墅之间，居然很难在路上看到飘落的树叶。山上名人别墅比想象中的更多，准确地说，应该是这些名人曾经住过的洋人别墅，如今都成了对外营业的宾馆。重新修葺过的老房子洁净端庄，已经不是我想象中凄美的样子。除了能欣赏庐山美景，度过一个空气清新的假期，来这里探究一幢幢别墅幽幽的神秘和一个个久远的故事，也是一种最难得的体验。

乐"吃"
Eat

吃一山三石

来庐山一定不愁吃喝，这里早已集百家之长，并已发展出独具的饮食文化。大到酒家餐厅，小到路边小店，都能做几种地道的庐山美食。最知名的要数庐山"三石"了，石鸡、石鱼、石耳都是庐山上名贵的特产，不可多得，价格不菲。

庐山"石鸡"是一种生长在阴涧岩壁洞穴中的麻皮蛙，它的形体与一般青蛙相似，但体大，肉肥，一般体重三四两，大的重约一斤左右。因其肉质鲜嫩，肥美如鸡而得名。

庐山"石鱼"体色透明，无鳞，体长一般在30~40毫米左右，同绣花针长短差不多，故又名绣花针。石鱼长年生活在庐山的泉水与瀑布中，把巢筑在泉瀑流经的岩石缝里。其肉细嫩鲜美，味道香醇，闻名遐迩。石鱼不论炒、烩、炖、泡都可以，营养成分丰富，尤其是产妇难得的滋补品。

庐山"石耳"与黑木耳同科，是一种野生在人迹罕至的悬崖峭壁上的菌类植物，由于它形状扁平如人耳，又附着在岩上生长，所以称之为"石耳"。石耳营养价值极高，内含肝糖、胶质、铁、磷、钙及多种维生素，是一种高蛋白滋阴润肺的补品。

乐"购"
Purchase

上一杯贡茶

庐山"云雾茶"，系我国十大名茶之一，始产于汉代，已有一千多年的栽种历史，宋代列为"贡茶"。若对茶叶感兴趣，一定要买以"味醇、色秀、香馨、液清"而久负盛名、畅销国内外的庐山云雾茶。仔细品尝，其色如沱茶，却比沱茶清淡，宛若碧玉盛于碗中。它的味道，类似"龙井"，却比龙井更加醇厚，若用庐山的山泉沏茶焙茗，就更加香醇可口。朱德同志有诗云："庐山云雾茶，味浓性泼辣，若得长时饮，延年益寿法。"

乐游TIPS
Tour TIPS

· 推荐理由 ·

游览世界文化景观，中国著名风景区——庐山。千姿百态的自然风光，极大满足了摄影爱好者的需求，让人真正享受大自然的怀抱。住老别墅看老电影，体会纯净之爱的滋味。

✳ 交通

去庐山最好选江西九江为上山的中间站，那要比直接在庐山站方便得多。九江汽车站有开往庐山的班车，旺季时车次密度很高，15分钟就一班，票价10~15元／人。自驾车去绕绕那盘山四百旋也是很有趣的。山上风景区是没有公交车的，的士起步10元。

✳ 住宿

庐山现有别墅主要分布在东谷地段（称为东谷名人别墅区）和含鄱口下的太乙村风景区内（称为将军别墅村）以及仰天坪新开发的别墅区。除了少数几幢作为文物保护，大多数别墅都对外接待。

✳ 建议游览时间

6天

✳ 贴心提示

1. 庐山的年平均气温较低，气候潮湿，山上比较冷，最好多带防寒衣物，以免感冒。

2. 山路崎岖，爬山时请准备一双舒适合脚的鞋子。女士避免穿高跟鞋和裙子。

大理

——彩云南 春常在

┃浪漫元素：四季如春、古韵犹存

　　在大理，只要抬头看看苍山峰顶那终日散不去的烟云，即刻感到如沐春风的自在。这里一年四季气候温和宜人，然而坐在城中，赏却青山，不见水色，所以还不是赏景的最佳所在。行走洱海之畔，苍山洱海尽在眼前，处处山水相伴，又处处不同。若论身心皆可融入山水，非此莫属。

乐"游"
Tour

做一对神仙眷侣

"大理",一个与神仙哥哥段誉和神仙姐姐王语嫣有关的浪漫的地方;一个藏有六脉神剑绝技的神秘"大理国";一个几乎每个去云南的游客都会到此一游的小城。然而,真正的大理并不是跟着旅行团到那些常规景点参观所能体会到的,大理,不只是滇西北旅行线上的中转站,而是大有道理。

从那个最著名的唐朝开始就被称作"南诏"的大理,现在还是活在千年前的历史里,有些特别的人和地方并没有真正

跟随着时代的变迁而改变,任你建再多的高楼,修再多的机场也没办法动摇,似乎那些人一生都活在自给自足的世界中。

在大理,只要抬头看看苍山峰顶那终日散不去的烟云,即刻感到如沐春风的自在。这里一年四季气候温和宜人,然而坐在城中,赏却青山,不见水色,所以还不是赏景的最佳所在。行走洱海之畔,苍山、洱海尽在眼前,处处山水相伴,又处处不同。若论身心皆可融入山水,非此莫属。

爱死大理那些风格独特的书吧、酒吧、咖啡吧了。古城的懒人书吧,里面的沙发可以让人发懒到不愿离去,还有很多书、DVD可以看,就放在最容易拿到的

林深处的古道，承载过马帮的过往。

实在想念繁华生活了，就坐2个半小时的汽车到丽江转转。在丽江也有自行车可以租到，骑车往西北方向行进4公里就是"束河古城"——纳西族先民在丽江坝子中最早的聚居地之一。

地方，买一杯几块钱的东西坐半天。如果想吹海风，走不到一个小时就可以到美丽的洱海。这是一个白天睡够觉，傍晚看夕阳，清晨看日出的地方，还是个跟爱人在星空下接吻的地方。

大理城外是洱海和苍山的天下。洱海上随风起浪，很不平静，苍山也是雾茫茫一片，看不真切。大理是需要一点时间感悟的。骑自行车环游洱海最有意思，洱海边有很多值得去的地方，比如双廊镇画家赵青的家（不是朋友介绍很难进去参观的），杨丽萍也把家安在旁边，一样漂亮。那里还有海上房间。骑车环游洱海的时候，顺便拜访一下周城，这是周围最大的蜡染布和扎染布村子，好看的布很便宜，几乎每一家都是一个印染店。还有巍山古城，这可是南诏古国的发祥地，"五代十国"的时候南诏古国建都在此，是中国保存最完好的明清古建筑群。古城内的民居多数是院落式的，保持了大理白族特色。城北33公里处的鸟道雄关，这条密

乐 "吃"
Eat

* 乳扇

在古城的中心十字路口，有块显眼的招牌，上书"邓川乳扇"四个大字。据说在水草丰茂的邓川，几乎家家户户都养奶牛，而那里出产的奶粉是云南最好的，虽已无法考证，但传说中穿白族服装卖乳扇的大婶倒是邓川乳扇的活招牌。乳扇既可以煎炸煮烤烩，也能生吃，而街边卖的通常是烤乳扇，一只小炭炉，一把火钳加

上几瓶不同味道的酱料就足以撑起场面。女孩子喜欢的玫瑰味酱汁，清清的乳香和着玫瑰花的香味，一口咬下去汁液四溢，酥酥香香的味道在嘴里打转。

* 饵快

"饵快"，模样长得像饺子，以米磨成粉做成的东西。把现做的饵快放在炭火上烤热后就能吃，又糯又黏，咸甜适中，既不油腻又能管饱，一只烧饵快才卖5毛钱。饵快除了能烧着吃还能切成丝变成饵丝。早上时，热腾腾的大锅里冒出阵阵肉汤香，饵丝就是放在这锅里煮的，煮好后加点肉丁，再加上一勺自家制的咸菜，一口汤来一口饵丝，吃得人心满意足。

乐"购"
Purchase

扮一民族范儿

大理洋人街上的小店里都是独一无二的好玩意儿；喜洲的一条街上经营古董银饰、扎染、玉器、木器等，总能让你找到爱不释手的；周城是有名的扎染之乡，女人们的头巾、腰带、绣花鞋，无不是自己亲手制作，你也可以买来试试。

乐游TIPS
Tour TIPS

· 推荐理由 ·

大理是一座很美很有韵味的古城，它的风光可以用"风花雪月"来形容，这里至今还保留着古老的城墙，沿着城墙一步步地走，用手轻轻地抚着那些砖石，不禁要想着它昔日的辉煌和繁荣。

✳ 交通

北京飞到昆明，再从昆明飞到大理，或从昆明坐火车到大理。昆明到大理的航线每日都有，航程约30分钟；昆明到大理的火车每日4趟，车程6-8个小时。

✳ 住宿

古城里处处可借宿，反正是先看再住，不喜欢可以随时掉头。

✳ 建议游览时间

2天

✳ 贴心提示

若在大理古城打发闲散时光，一定要安排两天骑自行车，古城很多地方能租到自行车，租金每天10元，环绕洱海看看，到周围的村落、镇子转转，比如"喜洲"（距古城13公里）、周城（属于喜洲管辖）、"双廊"。还可以骑马上"苍山"，眺望整个大理和洱海全貌。

亚龙湾
——椰风习 云海连

| 浪漫元素：东方夏威夷、SPA

　　被大自然宠坏了的三亚，集中了海南岛最美的风光：这里有最宜人的气候、最清新的空气、最和煦的阳光、最湛蓝的海水、最柔和的沙滩、最美味的海鲜……而到了三亚，最令人动容的自然是这里的阳光、海水、沙滩。

如果不想出国，还想去海边玩玩，去亚龙湾是最好的选择，毕竟这里是最接近国际水平的海岛度假地。和最美的海在一起，连空气都是浪漫的，所以在这里你可以不费任何心思随时讨好爱人的心。清晨、黄昏和他/她十指紧扣在白沙上散步；跳入海中一同戏水或尝试一下浮潜，在海平面下亲密接触；喝比矿泉水还便宜的鲜果汁喝到爽，吃海鲜就去海鲜排档，地道又实惠；一定要去的当然还有"天涯海角"，摆个最甜蜜的Pose合张影，留着以后慢慢看，慢慢怀念。

如果只想找一片沙滩躺下来，晒晒太阳发发呆，那么，尽情利用亚龙湾的沙滩吧，这是国内最干净、漂亮的沙滩之一，沙粒很细腻，像巨大的白色绸缎，轻柔地伸展开去。不同的天气下海水呈现不同的颜色，而且由于周围都是高档酒店，相对清净得多。建议沿亚龙湾的沙滩，从亚龙湾中心广场步行至喜来登酒店，回来

乐"游"
Tour

享一片碧海白沙

在被称为"东方夏威夷"的亚龙湾，漫步海滩，沙子白如雪，细如尘，软如棉，如果在一两千米的空中往下看，这里的海滩将成为银白色的世界；这里的海水清澈蔚蓝，水深七八米的地方海底的贝壳和小生物依然清晰可见，同晴空万里镶在一起，碧水蓝天似乎难以分开，眼前就是一个蓝色的世界；这里的海湾水深流急，激浪拍岸，怪石嶙峋，是攀崖探险的好场所，也是锻炼和磨炼人意志的好地方；这里的海底世界色彩斑斓，犹如梦幻世界，远海垂钓、深海潜水、空中跳伞、帆板冲浪等给人无限乐趣。

时，可以穿过万豪酒店，走大道。这里人很少，那份安静和惬意，就像漫步在自家的花园中。然后，就拿上你喜欢的小说或者iPad，找一个小亭子，独享一片宁静。

甜蜜定格

椰梦长廊——在三亚滨海路有一处别有韵味的景区，这就是椰梦长廊。长达十多公里的地带上，临海一侧为景观优美迷人的热带植物园林，与金色的沙滩、蓝色的大海交相辉映，极度浪漫。

亚龙湾海底世界——集海上娱乐城、休闲度假村于一体的大型海洋旅游观光区。在9平方公里的珊瑚礁保护区内生活着世界上保护最完整的、种类繁多的硬珊瑚和软珊瑚，还有摇曳多姿的各种海洋生物。

SPA——亚龙湾的SPA也是不可或缺的一部分，亚龙湾五号别墅度假酒店本身就是以SPA为特色的，酒店名字就叫YalongBayVillasSpa，有一些SPA的优惠套餐；万豪的泉SPA也不错，隐

匿于海边的一片竹林里，四幢水疗阁环绕在椰风海韵里，透过花园能远眺美丽的南中国海景。

乐 "吃"
Eat

捞一大龙虾

相比大排档的红红火火，渔排的兴起其实也就是这两三年的事儿。三亚附近的一些海边，许多渔民在海上建造起渔排餐厅，用渡船将客人送到渔排上就餐。在渔排上吃海鲜，要的是一种新鲜劲儿和感觉，捞上来的都是活生生的海鲜，通常只有涮和烤两种最简单的烹饪方法，采用的是海南最传统的"打边炉"方式，在那摇摇晃晃的渔排上，吹着海风，喝着啤酒，大吃海鲜。因为现在已经进入了旅游旺季，所以在渔排吃饭的价格也上涨了不少，曾经50元/人的自助海鲜变成了80元/人。建议如果人数在两三人以下用自助的方式较好；如果是一大群人去吃，那还是

单点比较划算。

乐 "购"
Purchase

置一海景房

长住三亚，当然选能够看得到海的房子，以大东海、亚龙湾、三亚湾为聚集地的房产价格暴涨，如果楼层高，视野好，价格甚至直逼北京的房价。花大价钱买海景还是很让人心安理得的，不过三亚的温度、湿度控制难度相对大一些，对于家具、电器的要求比较高，如果只是想在假期旅居，最好请管家平时来通风换气，用用家电，否则每次前往度假恐怕都要重新更换整套装备。

乐游TIPS
Tour TIPS

· 推荐理由 ·

在亚龙湾的沙滩上打滚儿，在海浪中奔跑，这里是三亚已经开发成熟的海滩中沙质最好、海浪最平和的一个，也是顶级酒店聚集的地方，差不多三亚最好的酒店80%就坐落在这里。

✳ **交通**

从市区西站或东站乘坐泰和公交车前往亚龙湾，车费5元，打的30元。

....

✳ **住宿**

《非诚勿扰2》让亚龙湾的热带天堂森林公园声名大噪。情侣们可以住住山间小屋，走走江龙索道，再去泡泡山顶泳池，完全是浪漫影片的翻版。

....

✳ **建议游览时间**

5天

....

✳ **贴心提示**

1. 在来之前看好天气预报，冬季的海南岛如果刮风或下雨的话温度还是比较低的，另外，冬季早晚温差也比较大，最好准备一些保暖衣服，不过如果出太阳的话温度会马上上升的，所以外出的衣服尽量准备凉爽透气的。

2. 一般来讲海南是我国冬季唯一适宜游泳的天然海水浴场，冬季在海水里游泳不会感到冷，但出水面后会容易着凉，所以浴巾一定要有，而且尽量保持干燥，出水面后可披在身上保暖。

3. 酒店会提供浪漫套餐，入住还会有豪华宝马车接机等服务，提前预订还有更多优惠。可以查询www.sheraton.com/sanya。

八廓街

——雪顿节 祈佛缘

┃浪漫元素：雪顿节

　　拉萨，无数人向往的地方，有些人三番五次地来到这里，就为了寻找丢失的灵魂，什么都不干，在街头闲逛或者就是抬头晒晒太阳，毕竟这里有太多值得你驻足的地方。繁华、古旧、文明、原始，到底这是一座什么样的城市？渴望了解，却又难以走进。藏族信徒的虔诚、藏传佛教寺庙的恢宏，还有比任何地方都低的蓝天白云。

乐"游"
Tour

佛祖的一见钟情

拉萨不仅是游客的，更是藏族信徒的，他们不远千里来朝拜神往的"大昭寺"、"布达拉宫"。满脸褶皱的老人，花白的头发编成精致的辫子，装饰着绿色、蓝色、红色、银色的饰品，平静地转动着转经筒行走在拉萨街头；脸上透着健康的高原红的姑娘，用你能想象到的所有绚丽的颜色装饰着自己的青春；那些朝拜的人们，额头上已经因叩拜而磨出了茧子，在游客好奇的目光和频频拍照中，自顾自地认真完成着每一

个动作；甚至连拉萨的乞丐都不同，他们不会拉扯你的衣角，不会因一毛、两毛的小钱而不屑，也不会因为几十元的大钞而感激涕零，许多乞丐把乞讨来的钱送给寺庙，而不是自己享用。

"八廓街"是藏民心中最神圣的"金色圣殿"大昭寺周围的一圈街道，许多人知道这是藏族传统工艺品店聚集的地方，却不知道它是藏族传统的转经之路。在人头攒动的游客淘宝的同时，转经路上的香客却专注地摇着转经筒前行，却不知这里流传着佛祖的爱情传说。

出大昭寺，到八廓街东南角，见一处黄房，当你看到门口招牌画上那微掀门帘的忧郁少女，就知道"玛吉阿米"到了。黝亮的木质桌椅，藏味的灯笼和"唐卡"，再加上墙壁明亮的黄，流露的是藏式的优雅。顺着小楼梯来到二楼，推窗就能见到大昭寺熙熙攘攘的人流，还有那专注的藏民，正虔诚地磕着头。玛吉阿米大概是拉萨最富传奇色彩的酒吧，传说，在星光漫布的一个夜晚，六世达赖仓央嘉措就在这里与情人玛吉阿米幽会。花上三十多元，叫上一壶甜茶，阳光打在脸上，打在窗台妖艳的花上，也打在你的心中。也许，你的玛吉阿米将在这里出现。

雪顿节的诱惑

藏历七月初一到初五，约为阳历8

徒每年七、八月前不得外出，防止踩死刚刚复苏的昆虫。"夏安居"结束后，僧人可以走出室外，喝酸奶、晒大佛、看藏戏，以示庆贺。这就是雪顿节。雪顿节并不只是僧人的节日，拉萨市全城僧俗都会带着录音机、帐篷、吃喝，来到室外狂欢数日。雪顿节一般会持续五天，最好看的就是晒大佛和藏戏表演。

晒大佛：这是雪顿节标志性的活动。雪顿节的第一天，西藏最大的寺庙"拉萨哲蚌寺"的喇嘛把寺内的大唐卡佛像抬到后山上晾晒展示。大唐卡佛像展开后纵横都在三四十米以上，必须由一二百名年轻喇嘛合力方能抬起。晒大佛时，几百名喇嘛在山上操作，数万名观众在山下观看，场面非常壮观。法号齐鸣，香烟缭绕，藏民们纷纷献上哈达，包括游客在内的每个人脸上都那么虔诚。大约一个小时后，唐卡就被收回，要再次看到大佛，只能等来年的这一天了。

看藏戏：雪顿节期间，西藏各地藏戏班子都云集拉萨。藏戏表演以罗布林卡内最为热闹。罗布林卡是历世达赖喇嘛的夏宫，届时数以千计的各色帐篷遍布其间。藏戏，像京剧一样有着自己严格的一套传统，对于外行来说是极为深奥的。虽然看不懂演的是什么内容，但唱腔、动作和面具都具有极强的观赏性，尤其是面具，代表着特定的角色，大都是神鬼或者

月下旬到9月初，是西藏传统的"雪顿节"。"雪"，藏语酸奶；"顿"是宴会，"雪顿节"就是酸奶节。最早藏传佛教高僧阿底夏创建了"夏安居"，所有僧

祭司，动作也是有象征意义的。

乐 "吃"
Eat

舀一勺酸奶

藏语的酸奶称为"雪"。雪顿节虽然以"酸奶"为名，实质却是庆祝苦修的圆满。此时的拉萨，正有一年中最好的天气，每天夜里一场细雨，早晚都十分凉爽，这也是拉萨一年中最轻松、最愉悦的时光。牧民自酿的酸奶，又浓又稠，味道更酸一些，所以一定要拌进白糖搅匀了，然后用勺子舀着细细品尝，那口感清爽馥郁。在"布达拉宫"东侧邮局前面的酸奶摊吃酸奶，这种小瓷罐装的酸奶是拉萨乳品厂出产的，拉萨的太阳虽然热烈，躲在阴影中便不觉得一丝的热，从这里正好可以看到布达拉宫的侧面，十分雄壮。

备一桌纯藏餐

拉萨的美食主要以藏菜、川菜为主，很多餐厅同时也供应尼泊尔菜和印度菜。但是纯正的藏餐，也就是能够将三大藏区藏餐融合在一起的餐厅并不多，环境好又好吃的就更少了。位于八角街东南角的玛吉阿米餐厅是座黄房子，相传这里是传奇喇嘛仓央嘉措曾经和情人幽会的地方。这里饭菜口味很好，藏式的酸萝卜炒牛肉、烤羊排、烤羊腿都是必尝的美味。玛吉阿米也是"驴友"们去拉萨必去朝拜的地方，在二楼一壶酥油茶加几个藏式小菜，就着街景坐上半天，那种感觉实在不同。

乐"购"
Purchase

绘一卷神佛

"唐卡"是藏语，其实就是画在布上的卷轴画，藏族游牧部族大多逐水恋草而居，而裹成一卷的唐卡，在他们心目中，就是随身携带的庙宇、如影随形的图腾。只要把唐卡挂在帐篷里，哪怕是树枝上，就能化作一种至纯的符号，供藏民祈祷。因为描摹的是神佛，唐卡的绘制绝对不容唐突，画师通常持笔一坐就是半天，而半天的工作量，或许仅仅是小指甲般大小的一枚莲瓣；而莲瓣所特有的粉红渐变，则需要用三四支不同笔锋的画笔勾勒数百次，才能脱胎换骨。

一幅装帧好、画工佳的唐卡作品，售价一般不会少于千元。如挑选绘画难度高（如千手千眼观音），或多处描金的作品，有的标价高达万元。若是杂志大小的寻常作品，价格70～300元。买东西最好早晨去，摊主们十分看中开张生意，宁可少赚点也要开张买卖多沾点财气。

乐游TIPS
Tour TIPS

· 推荐理由 ·

有着太多关于神圣的传说和存在。

来到这里，或许，你感觉到爱情也突然向你展现出了它神圣的力量。口诵六字真言、三步一拜、每拜必五体投地的伏身叩拜者在这个城市随处可见。这，是一种信仰的力量。

＊ **交通**

最快捷的进藏途径是乘飞机，从北京到拉萨双飞。平时在途中都会经停成都，那里每天都有直飞林芝的飞机，然后乘坐大巴车到拉萨，传统的游览线路基本以拉萨、日喀则、林芝和江孜为主要游览地。此外青藏线和自驾车路线也为进藏提供了多种方式。

＊ **住宿**

这里的宾馆价格合适、环境干净，还有免费洗衣服务。可以在联络板上寻找游伴一起去日喀则，一起搭车，价格会比一个人合算。若到旺季，拉萨的住宿是个问题，因为游客很多，找地方住可能会比平时困难。

＊ **建议游览时间**
3天

＊ **贴心提示**
1. 每年8月份都是西藏旅游最旺的季节，再加上雪顿节，一定要事先定好住宿、车辆等。
2. 大昭寺正殿早上不对当地藏民开放，游客需敲门才能进入。进入寺内尽量别大声喧哗，尊重藏人的习俗。看晒佛一定要早起。

维多利亚港
——夜迷醉 购时尚

浪漫元素：山顶观海、享受美食

　　在港片的浪漫情节中，维多利亚港是最美的布景，海边漫步、山顶相拥、临窗接吻，总之有它的陪衬，爱情之花才会被酝酿得更加美好。大多数人来香港只为了美食、购物，来去匆匆。如果放慢脚步，沉醉在维多利亚港的夜色中，心都会变得柔情似水了。

乐"游"
Tour

开启一段浪漫情缘

海边是浪漫故事发生的最佳地点，而维多利亚港更是情人们的好去处。手牵着手走在海边，享受迎面吹来的习习海风，沉浸在维多利亚港的醉人夜景中，两眼相望便是永恒。

在香港，只要你不想睡觉，便有无尽的夜生活等你消遣。购物狂们可以在晚10点后继续逛街，可选择的地点有尖沙咀弥敦道、海防道、北京道、加连威老道、金马伦道一带；油麻地庙街；旺角女人街一带；铜锣湾崇光百货一带。夜晚漫步在尖沙咀可以欣赏维多利亚港及港岛区的繁荣夜色，由天星码头至星光大道，是香港最美丽的海滨走廊，海风、灯光，加上过往的船只，为情侣们提供了最浪漫的约会之地。

风情万种的维多利亚港，你尝试过几种方式来体会？无论是多么现代豪华的轮船，一定比不过这艘船有味道——"鸭灵号"，是香港现存唯一的真正帆船，这种曾为渔民出海捕鱼的帆船，扬帆航行在现代璀璨的"维港"，不仅东西文化碰撞强烈，更是十分符合如今流行的"穿越剧"风范。

已经在维港海域历经25年沧桑风雨的"鸭灵号"，于20世纪80年代初期经过修复，外型完全传承自150多年前的中式帆船。站在"鸭灵号"的甲板上，眺望着维港两岸的繁盛与恢弘，简直有种香港老电影中商家大班纵横香港水域的"大佬"感受。如今，香港旅游发展局推出"香港文化万花筒"体验活动，乘坐"鸭灵号"遨游维港也是其中之一。

想要与你的另一半寻找欧陆情调的浪漫，这在香港并不难，花点小心思，让你俩共同体验在地球另一端的浪漫气息。

不妨就从太平山开始。在山顶居高临下，尽情饱览由维多利亚港和无数错落高楼所组成的优美景色。然后去逛逛周围的各式名店，再到露天茶座吃一个欧洲进口的冰淇淋，风和日丽，跟欧洲的休闲步伐灵犀相通。

逛了这么久，最后不如再看场电影。位于油麻地的"百老汇"电影中心，以放映欧洲电影居多，还设有大量经典珍藏的电影阅览室。看一场最新的爱情电影，或是重温一部经典，然后坐在露天茶座一边喝咖啡，一边回味电影中的浪漫桥段，只希望此刻时间停驻。

乐"吃"
Eat

独一有二米其林三星

当你坐在香港四季酒店里，对面就是维多利亚港。房间内，摆放了一碟小小的点心：一块凤梨酥、一个蛋挞——这是出自酒店内著名的龙景轩之手，而香港四季酒店的法餐厅Caprice也晋级为"米其林"三星餐厅。在香港委实只有这一家酒店才能有此殊荣，因为在那本风靡全球的《米其林餐饮指南》香港红宝书上，只有两间餐厅被资深老饕评为三星，而它们都藏身在同一座大厦里——香港绝对不会再

有第二家了。

✳ 龙景轩

在米其林红色宝典《香港澳门指南》上，对龙景轩的评价只有简单的8行英文和3行中文，其中一句是："食材品质上等，特别是海鲜，绝对新鲜。所有菜式都经过精雕细琢，卖相诱人，服务团队非常专业，细心自豪地向食客介绍各款菜式。"

四季酒店四楼的龙景轩，有点小，门面也很低调，唯有一面临海的大窗，

使这家餐厅看出一点点带星的气派。从2009年被米其林评为三星餐厅以来，米其林的美食家们前后拜访餐厅12次，毫无疑问，他们对餐厅的菜单非常赞赏，在他们看来，可以把菜单做得如此细致和国际化的香港餐厅并不多。餐厅每年根据季节换4次菜单，在菜单上，除了鲍翅花参、生猛海鲜、烧烤卤味、小炒煲汤、面饭点心、甜品糖水以外，还有专门一页的"有机菜"，其中来自日本的各种有机菜被细心地标识出来。

＊ Caprice

Caprice是一个名副其实的好餐厅，到此用餐的客人全部着正装出席，这些为美食服务的人，塑造着对食物的尊重。同样获得米其林三星评级的Caprice法餐厅位于酒店6层，对面就是标志性的维多利亚港，在这里吃晚餐最是美妙，透过落地窗，香港最美的晚上就在对面。

餐厅一派法国古堡的低调模样，配合特别定做的浩大水晶吊灯，餐厅大厅两侧分别有两间风格不同的包间及CapriceCellar，那间充满法国古堡氛围的黑红色调包间是港人最喜欢的，里面的中世纪油画和复古雕花装饰的门栅都让人感觉置身于法国乡村城堡一般；而更多的老外则固执地喜爱餐厅的中式包间，谁也不会想到，在这样一间顶级的法式餐厅中，居然还会有一个典雅的中式包间，这

就是Caprice的绝妙。

餐厅菜单依旧是跟随每个季节精心策划的，如三式鲜带子拼红菜头鱼子酱、青苹果紫菜卷配生蚝慕斯、煎乳龙虾伴香炒芦笋、甜豆配泰式香草汁、香烧黄鹰柳伴时令冬菜、梨蓉配特浓巧克力汁等。同时餐厅藏酒量非常丰富，备有约600种不同的葡萄酒，而且还包括了各种新世界的葡萄酒，甚至，你还可以在这里找到许多独家设立的葡萄园佳酿。

乐"购"
Purchase

偶遇一大腕

＊ 国际金融中心商场

国际金融中心商场不仅坐拥维多利

亚港的醉人景致，还毗连着目前香港的第一高楼国际金融中心。整个商场的装修显得高贵而精致，据说是香港明星们特别喜欢逛的商场，这里汇聚二百多个国际品牌与一间设计新颖独特的戏院。

商场独有的五星级酒店式服务更是ifcmall的特色，其中"专人代客提送服务"是国际金融中心商场首创全港商场独有的服务方式，就是说即使客人在商场买再多的东西，也同样可以轻便、舒服地继续逛，只要把这些大包小包的东西交给商场的"代客提送服务大使"就行啦！这些"大使"将代为暂存或代客提送物品到商场的停车场、出租车站或商场范围内任何地点呢。

除了"连卡佛"与各大国际一线品牌以外，最讨人喜欢的就是法国名牌Agnèsb。全球第一所以度假屋设计的生活起居店Agnèsb.LALOGGIA旗舰店，从花店、咖啡厅、巧克力店、餐厅到服装、配饰等九个系列的品牌中，能感受到纯粹的法式浪漫。此外这里还是香港最多米其林推荐餐厅的集中地，如四季酒店龙景轩及Caprice、利苑、国金轩、正斗粥面、HOne、Harlan's、Lian、Lumiere及ReiSushi等。

乐游TIPS
Tour TIPS

· 推荐理由 ·

香港不大，但可逛之处比比皆是，无论你是美食爱好者、购物狂、享乐分子，都能令你乘兴而归，心满意足。

✳ 交通

香港是自由行最方便、成熟的旅游目的地，交通便利、没有语言障碍。出租车较贵，地铁发达，想去的地方地铁都能搞定，别忘了在机场拿一份免费地图。

✳ 住宿

来香港也不光是为了购物，住也要住的有品位。半岛、四季、洲际、文华东方这些主打奢华的酒店，在旺季周末来临时，提前一周都未必有房间，想以纯享受为主的你要早做打算。设计师精品酒店也是值得去看一看的，巧妙的设计往往不需要高调的标志，内敛又透着格调和自信，可以亲身体验一下，绝对物有所值。

✳ 建议游览时间

3天

✳ 贴心提示

1. 购物季来香港shopping,提前罗列一份购物清单很重要，预算分配也要得当，否则买回一堆东西，却不适用。

2. 香港有一种可以打到内地的电话卡很便宜，便利店和街边报摊都有卖。

南丫岛
小清新 自由风

浪漫元素：环岛骑行、逗猫发呆

　　南丫岛是一个混合动静的地方，静的可放风筝、Café看书、拍照；动的有水上活动、酒吧、卡拉OK，晚上，岛上的外国居民还会在沙滩上举行party。如果厌倦了九龙的喧哗，来岛上偷得半日闲，感觉真不错。

乐 "游"
Tour

私奔一乡间

南丫岛适合骑行，选一个晴好的日子，带着自行车来到尖东码头，双双登上海船，冒险就正式开始了。曾经的南丫岛，只是几个偏远的小渔村，大名鼎鼎的周润发就是这儿的人；而如今的南丫岛，已经是香港年轻人和外籍人士最喜欢停留的乐土，洋人与华人差不多各占一半，而住在那里的年轻华人也因为受到异国文化影响，一副前卫的装扮，生活方式充满了嘉年华会一般的嬉皮气氛——生活不羁、渴望自由的人爱去南丫岛，因为在那里让人忘掉了喧嚣的香港，就像身处在一个生活的别处，让人回想起20世纪60年代爵士乐所唱的"国境之南，太阳之西"。

来南丫岛的骑行者大多是老外，同时他们也是南丫岛上的居民。在九龙或港岛工作的外国人，会在南丫岛买下属于自己的别墅，节假日来到这里，享受与都市生活截然不同的另一种情调。沿途经过两边的矮房，有些房子的墙壁并不用瓷砖或大理石装潢，而只是在墙面上涂上鲜艳的颜色，这让人联想到石澳——它们的共同点，是带着一种置身热带童话的兴奋感，让人无力抵抗，不断向前。

越过一个木制的小拱桥，穿越树林，竟然误闯入一片海岸。右手边，一个码头工厂的大烟囱是唯一的风景，被加工过的圆柱形大岩石凌乱铺排在工厂建筑与海水相接的地方，显得有些威严。这是一片无人的海滩。越过它再回到树林中，沿

着小路一直上坡，就到了有风车的山顶。这是这座岛上所有居民的电力来源，也是每个来南丫岛的人都要驻足留影的地方。阳光强烈的时候，缓缓转动的风车叶子会在地上映出巨大的倒影，而自己却如同进入了大人国的小角色。

山顶风车正面对着两条路，一条宽阔一些，总是人来人往，热闹非凡；另一条狭窄陡峭，朝着陌生的一片海延伸过去。无人问津的小路反而有着更大的吸引力，路的尽头是一片寂静的村屋；村屋的院子里偶尔有人出来，家家户户门前晾着洗好的衣服，当然，还有健硕的看门大黑狗。推着自行车一直穿越到这片村屋的尽

头，不经意已被这份恬静深深感动。

曾经在一本杂志上看到过形容南丫岛有比较多的自由空气和比较多的猫。不管你喜不喜欢猫，在南丫岛，你都会和它们交上朋友。只"喵喵"学着叫两声，立刻就有两只猫跑出来看究竟，似乎它们才是这个小岛的主角。猫儿们在岛上荡来荡去，身上带着随心所欲的"自由"。你可以在它们身边拿着相机自由地拍摄，太阳下的猫、海边的猫、屋檐上的猫、山上山下的猫……

如果闭上眼想象香港的样子，只是维港夜幕降临后华丽的灯光，或是中环乳白色阳光下制服人群交织的街道，那你一

定不曾放慢速度来享受过这个城市。香港是一个需要主动去掌握节奏，然后尽情审美的地方。抽出一天的时间，去南丫岛吹吹自由风，对于生活紧张的都市人来说，是一个心灵喘息的地方。

乐 "吃"
Eat

泡成一书虫

榕树湾是南丫岛北边的大村落。说它大，只是相对其他小村子而言；实际上，榕树湾的街巷小得只容两个人擦身而过，而瓦顶村屋在绿林的掩映中错落有致。在这里，到处都是那些来了之后再也不肯走的老外们开的咖啡馆、酒吧，弥漫着一种异国的浪漫风情，其中最有名的酒吧当属"旺达喇嘛"。走累了钻进一书店，看一会儿书打发一下午后时光。

"南岛书虫"，坐落在榕树湾的一边。店内一边卖绿色食物，另一边卖的是中英文旧书，当然是以艺术和文学书为主。这里最有意思的是，你也可以带自己的书过来读，读完了就放在墙角的书架上，推荐给后来的游客。在南丫岛的几个下午，把时间都消磨在这里，一杯咖啡、一本小说，周围是几个一样热爱书的陌生朋友，整个下午便如水一样安静流过。

乐 "购"
Purchase

淘换一纯朴

沿着榕树湾道慢慢走，一路上都是精致的小店铺，有卖手工艺品的，有卖绿色生活用品的，也有人卖自制的饼干，这儿的人都好像20世纪60年代西方的嬉皮士一样热爱朴素自然的生活，却又在乎独特的生活品位。

乐游TIPS
Tour TIPS

· 推荐理由 ·

当你在香港、九龙待上几天，对川流不息的人群产生抵触情绪的时候，不如就去南丫岛透透气吧！

✳ 交通

从中环码头出发到南丫岛的船，班次一天有多班，平日20分钟一班，节假日30分钟一班，要从榕树湾爬山到索罟湾的，一定要在出发前查好船的出发和返程时间。

✳ 住宿

在南丫岛，如果要住得有情调，你可以选择村民自己建的度假屋；如果要好玩，你可以去住家乐径山顶大堂的南丫岛青年营，一大群年轻人聚集在一起，比较热闹。当然，这些地方都可以通过网络预订。

✳ 建议游览时间

2天

✳ 贴心提示

1. 去南丫岛，我换上一套浅色亚麻衣裤，感觉那样更符合南丫岛的"BOBO"情调。

2. 在南丫岛，所有的流浪猫与流浪狗都是被保护着的，没有人伤害它们，却有无数的好心人给它们喂食，而猫儿、狗儿每天所要做的就只是悠闲地散步、睡觉、晒太阳。

日月潭

——山空灵 水温柔

▌浪漫元素：日月潭美景与传说

    台湾的嗲，从声音到性格，无一不透露着温柔娴静的特质。是水的温柔造就了台湾"嗲"的气质，还是台湾人"嗲"的性格影响了水的神韵，已经很难分辨。就像日月潭，如一块碧玉镶嵌在宝岛，柔和圆润，浑然天成。

乐 "游"
Tour

一潭一日月

"日月潭"四周青山环抱，山峦层叠，水映着山，湖面宛似一个巨大的碧玉盘。远远望去，潭中的美丽小岛——光华岛，却像玉盘托着的一颗珠子。光华岛把湖面分为南北两半：东北面的形状好像圆日，故叫"日潭"；西南边的如同一弯新月，故称"月潭"。日月潭美景如画，春夏秋冬、晨昏晴雨，景色变幻无穷。尤其是秋天夜晚，湖面轻笼着薄雾，明月倒映湖中，景色更为佳丽动人。

日月潭的潭水清亮深邃，"日月涌泉"奔流不息的泉水是日月潭潭水的主要来源。从大竹湖步道就能够观赏到日月涌泉的壮观美景。至山脚，远远就可听见水流怒吼雷鸣，入水口喷出的水花高达四五米至七八米，势若蛟龙吐水，湍傲排空。

而在玄光寺寺后，有青龙山步道直达玄奘寺。由于过去这条路线是青龙山步道香客前往玄奘寺祭拜的路线之一，因此

有"朝圣步道"的美称。

全长约850公尺的青龙山步道在设计时融入了佛教的文化典故，如苔藓山门、水钵、含笑观自在、苔藓经书等，希望游人香客在行走时，能够体会玄奘在取经时的内在精神。步道沿途还有很多香花植物，并设有凉亭、观景台，供游人休憩，更可眺望日月潭。爬上步道南端，眼前豁然一座宏伟的寺院，就是青龙山山腰的玄奘寺。

孔雀园、文武庙、涵碧楼等也是组成日月潭秀美风景的灵秀之所。涵碧楼三面向潭，四面凌空。在楼上闲眺日月潭的山光岚影，朝晖夕阳，令人气爽神怡。

夜晚的日月潭山景倒映在水里，就像一幅大师的泼墨山水画，美景令人动容。不论是日出还是日落，不管是月景还是黄昏，美景让人心情无比愉悦。

德化社码头、朝雾码头、水社涵碧步道、水社坝堤……日月潭周边小景点都非常适合赏月。有别于以往入夜后寂静的景象，日月潭国家风景区管理处积极打造夜间意象，除了在水社码头潭区周围搭建水上中央舞台外，岸边灯光造景也让日月潭显得更浪漫美丽。

日月潭作为全国为数不多的高山湖泊，与大自然浑然天成，环山抱水，形式天然。经过数千年的高山岩层的过滤洗礼，日月潭的潭水碧蓝无垠，青山葱翠倒映其间。清人曾作霖说它是"山中有水水中山，山自凌空水自闲"。

一方水土，养一方人。孕育在空蒙山水中的台湾女子，喝着日月潭的水长大，再用如此澄澈明净的潭水洗面护肤，难怪肌肤闪着健康光泽，而女人最怕的色斑、细纹和老化也不敢找她们的麻烦。看来，水不但是生命之源，也是肌肤健康的秘密所在。

日月潭的美丽传说

很久很久以前，一个叫大尖的打

渔郎和一位美丽的姑娘水社，他们相互爱慕。大潭里的两条恶龙，吞吃了太阳和月亮之后，人间失去了安宁。大尖和水社历尽艰难挖出阿里山底下的金斧头和金剪刀，制服了两条恶龙，将太阳和月亮送回了人间，光耀大地，万物复苏了，可是大尖和水社也因此变成了两座雄伟的大山，永远矗立在潭边。后来人们为了纪念那两位勇敢的年轻人，把这个大潭命名为日月潭，潭边的两座山分别叫做"大尖山"和"水社山"。

直到现在，每年秋天仍然可以看到人们穿着美丽的服装，拿起竹竿和彩球来到日月潭边玩托球舞，学着大尖哥和水社姐的样子，把彩球抛向天空，然后用竹竿顶着不让它落下来，以此来纪念大尖哥和水社姐。

乐"吃"
Eat

尝一尝鱼肥虾美

日月潭的水富含养分，潭水中的鱼肥虾美。日月潭中最有名的鱼是曲腰鱼与奇力鱼，曲腰鱼味道鲜美，因为它的肉质美味，深得蒋介石的喜爱，每次莅临涵碧楼度假时，均会品尝此珍馐，于是日月潭

民众便将曲腰鱼取名总统鱼。

奇力鱼是另一个潭产美味，通常将它炸得酥酥的，口感香脆可口，生活在日月潭畔的邵族人更视其为珍馐美食，早在清代文献中，就有过关于"奇力鱼"的记载。半天笋、竹鸡、潭虾也是日月潭边的特色美食。

乐"购"
Purchase

备一地道伴手礼

台湾的地道特产五花八门，各式各样的美食糕点数不胜数，到台湾，有几款地道特产是亲戚朋友必然指定的伴手礼。

＊ 嘉义方块酥

比一般方块酥甜而不腻、香酥可口，秘密在于它是以猪油泡制，吃完包你齿颊留香。

＊ 宜兰金枣蜜饯

如果你一直以为蜜饯只是傻甜，证明你从未到过宜兰。宜兰的蜜饯风味与众不同，更特设咸金枣、无糖或低糖蜜饯等多种口味，切合不同人士的喜好。

＊ 花莲粟饼

俗称小米饼的粟饼，以花莲出产的最享负盛名。据当地人说，花莲粟饼乃利

用祖传制法，令粟米不致于过分黏腻，口感更佳。

※ 台湾香肠

选用山黑猪腿肉，用自制的香肠味料再经过细致的加工工艺灌制而成。香肠在调味的时候加入了金门高粱酒，所以吃起来有甜、香、鲜的口感，是佐酒的最佳小食。

※ 金门高粱酒

用台湾金门特产的旱地高粱为原料，引用当地水质甘甜的宝月神泉古法制成的，醇正清香、余韵悠长。

乐游TIPS
Tour TIPS

· 推荐理由 ·

被称为"台湾仙境"的日月潭风景区，既是国际知名的风景点，也是台湾的标志，多次出现在小学课本里的日月潭，初次去宝岛一定不容错过。

※ 交通

目前从北京、上海、广州、深圳等21个大陆城市，都有航班直航台北、高雄。国航、海航等多家航空公司每周有航班前往。从北京直飞台北，单程约需3小时。捷运是台湾的城市轨道交通，相当于地铁和城铁，从每个捷运站都能很方便地换乘巴士，捷运和巴士，构成了台

北的立体交通网络，让人的出行异常方便。

※ 住宿

台湾的高级酒店有大概三种：一种是以圆山、君悦、香格里拉为代表的五星级商务酒店；另一种是经改装的汽车酒店，这类酒店在原汽车旅馆的基础上加以改良，主打私密和浪漫；还有一类位于太平洋沿岸的海滨，以温泉度假为主。

※ 建议游览时间

5天

※ 贴心提示

1. 台湾的超市一般都营业到夜间12点，价格也比较合理，酒店周围也都会有超市，因此购物比较方便。

2. 台湾的新鲜水果非常多，如台南水果释迦、莲雾、山竹、番石榴、芒果、菠萝等各种水果，你可以购买这些水果，也可以品尝新榨的果汁。

3. 许多学校都因名人在这里读书而出名，也有些校园是影视剧、MV的拍摄地，路过诸如淡江大学、师大附中等学校，别忘了进去看一下。

阿里山
小火车 林中绕

浪漫元素：日出云海奇观

　　阿里山的姑娘和少年，想必大家都很熟悉了。可是你对"正主"阿里山又知道多少呢？人们概念中的"阿里山"，指的是以沼平为中心的阿里山森林游乐区。在这个区域，游人们能将传说中的阿里山五奇——登山铁路、森林、云海、日出及晚霞"一网打尽"，这些可是台湾最具代表性的风景哦。

激的体验。所以，乘坐这种老式蒸汽火车本身就足够令人怦然心动。

一开始，小火车缓缓启动，丝毫没有任何颠簸的感觉，将车窗打开，满眼的翠绿，山间特有的清香迎面扑来。阿里山浓荫蔽日、雾气升腾，两旁笔直的水杉之上，灵巧的小松鼠若隐若现。将身子倚靠在小火车内的原木座椅上，品一杯阿里山的"冻顶乌龙"，那种舒畅的感觉，让人的心顷刻透彻明亮。等到阳光出来，浓雾渐渐散开，阳光映入车厢之内，山谷中的美景会越加真切。列车员说，春天，山中遍开白色的吉野樱和淡粉樱花，那是台湾最美的自然风景。小火车才不会一成不变地悠然慢行，偶尔也会活力尽显：3次大的螺旋形环绕，最后以"8"字形回环驶回，刺激来得如此回肠荡气，那种感觉，丝毫不亚于迪斯尼的超级过山车。

"神木—阿里山新站"这一段路

乐"游"
Tour

穿越一光年

乘坐小火车去看日出云海，可是阿里山旅游的最大亮点。可不要以为在阿里山搭乘小火车是件非常容易的事情，只有你身临其境，才会明白为何台湾人将它称作"美丽却不乏险峻"的旅程了。

阿里山火车已经95岁高龄，沿途要经过77座桥梁、49座隧道，是全球仅存的3条登山林间铁路之一。从海拔仅30米的嘉义火车站出发，抵达终点站沼平站，不知不觉间登上海拔2300米，是非常刺

充满奇趣，它保留了阿里山林场的巨群桧木，人们有机会看到过去巨木参天的豪情，而火车就在高耸茂密的森林中继续前行。由于特殊的地理位置，阿里山火车的车速一般都不会太快，那些心急的乘客时常会担心车慢误了阿里山最美的日出。这时，有经验的列车员则会提醒说，阿里山的日出固然美丽，但是途中的风景亦是不能错过。火车加大马力爬坡时，"呜"的一声，小火车竟大口吐出黑烟，似乎颇有些吃力。不过你大可不必担心，这正是阿里山小火车的特色，近百年来，从未更改。

乐"吃"
Eat

吃一路小吃

* "棺材板"

最具江湖地位的台湾小食，非台南的独有小食——"棺材板"莫属。所谓"棺材板"，即是将厚面包中间挖空，填入鸡肉、虾仁、马铃薯及牛奶等配料，再于厚面包面上蘸上酱料，然后用刀叉逐块逐块地切来吃。由于材料丰富，一片"棺材板"便足以令你饱腹三日，滋味毕生难忘！但要谨记，"棺材板"要趁热吃才够滋味！

* 阿宗面线

想零距离体会台湾的平等主义，一定要去台北西门町的"阿宗面线"，并付出排队的代价。从最初街边的流动面档，到今天偌大的店铺，唯一不变的，是那用柴鱼头汤熬制，韧性十足，还有入口清爽滑口的手拉面线，令人一试难忘。

* 卤肉饭

选料上乘，卤肉必须是脆卤（猪颈肉，俗称皇帝肉），这里的肉才能做成正宗的卤肉饭。大米是上好的粳米，外加一个便当菜——用台湾独特调味品脚豆油卤制的鸡蛋，看着就让人忍不住大快朵颐。

吃一口，香而不腻，食欲大振。

* 台南蚵仔煎

来了不尝尝太可惜了。它是用牡蛎、煎蛋、小白菜加入特殊配料煎制而成，口味鲜美，味道独特，有的顾客跑很远就为了过把"蚵仔煎"的瘾。"这东西吃了第一次，肯定想吃第二次。"

乐"购"
Purchase

逛一老商圈

台北迪化商圈，又称迪化街。迪化商圈以专卖中药材及布匹为主，是台湾早期发展重要的商圈，因为其重要的地理位置，当时是相当繁荣的地方，许多士贾名绅都来自于迪化街，其影响力甚至延续至今，如前台北101董座陈敏熏、金融巨头辜家都是来自迪化街出身，这里保留了相当多的老式建筑与风味传统美食。

乐游TIPS
Tour TIPS

· 推荐理由 ·
宝岛台湾游正式向大陆居民开放

后，深情拥抱台湾岛，不再是梦想，成为当下最为热盼的旅程。日月潭、阿里山这在课本中出现的景点，也能近距离畅游其中了。

* 交通

阿里山小火车起点位于嘉义车站月台的北侧，为了看日出方便，游客可以选择在嘉义车站附近酒店入住。要看日出，需要在凌晨4点搭乘小火车上山，有磅礴的美景在前方诱惑，即便早起也令人兴奋。

* 住宿

在台湾，酒店是不分星级的，而是按照国际观光酒店、一般观光酒店、一般旅馆划分，台湾相关部门也计划在今年年底推出跟大陆一样的酒店星级评定标准。

* 建议游览时间
5天

* 贴心提示
1. 记得骑机车保持在40迈，这里红绿灯有点形同虚设，因此一定要注意安全。
2. 台湾到处都有盖章的地方，记得带好一个空本子留下足迹吧！

渔人码头
——巧设计 混搭风

▌浪漫元素：异国风情

　　来澳门之前，无论是从歌曲中还是介绍澳门的宣传文字中，都会听说过"渔人码头"，尽管它是个人造公园，但是却提供给人们一个亲水散步的休闲场所，仿佛置身于欧洲，享受着时空的转换。

乐"游"
Tour

交错一时空

澳门"渔人码头"是澳门首个以主题式设计的综合娱乐旅游新景点，由澳门大亨何鸿燊博士及周锦辉先生联合发展，总投资约达港币19亿元。渔人码头坐落于外港新填海区，海岸占地超过11.15万平方米，主要分为三部分：唐城、东西汇聚及励骏码头。码头中集娱乐、购物、饮食、酒店、游艇码头及会展设施于一体，结合不同建筑特色及中西文化，使游客突破地域界线，体验不同地区的感受，区内多元化的娱乐设施必定能使澳门渔人码头成为举家同游的好去处。

千万不要以为，渔人码头是个小公园或是类似给人散步的亲水平台，其实，它是澳门第一个主题公园，面积亦相当开阔。第一眼看到，恍惚间真有点欧洲城市的感觉。人造火山、希腊建筑、比萨斜塔、中古战船以及印度园林随着空间不停变换，时间也随之回转，仿佛一会儿行进在古罗马的大街上，一会儿沉浸于一千零一夜的追述中。整个公园不收入场费，因此这里有一种平民化的欢娱。广场上随处有街头表演，小心被热情的"小丑"们拖入他们的宾果游戏，尽管好客的当地人总试图让你赢。

渔人码头的终点是个娱乐中心和莱斯

酒店，这真是个精彩的设计，它告诉大家其实你是在澳门，不是欧洲。莱斯酒店的设计虽然并不算太出色，不过它的平价英式下午茶却是值得一试的压轴体验。68澳元起的下午茶包括一套甜咸点心和一壶地道的英国红茶，非常丰富低价。特别要推荐这里的鹅肝饼，法国进口的鹅肝酱入口软滑，配上酥香的饼底，味道非常。

乐"吃"
Eat

来一盒蛋挞

自从踏上澳门这片土地，时常想起来的不是赌，而是蛋挞。澳门离岛那条小马路上，安德鲁饼店的蛋挞是所有蛋挞的鼻祖，来澳门一定要去吃。正好是下午茶时间，店里的队还不算太长，蛋挞的香气都溢了出来，坐在门前椅子上品尝，看见各色车子停下来，人们钻进小小的店里，不一会儿都提着一盒盒蛋挞出来。这片小店是离岛上最热闹的地方，让人想起了香港的赤柱，外国人在这里租了当地的民房，过起了远离喧嚣的小日子。不远处的海滩，太阳好的时候就去晒晒，再带上几个蛋挞，细细地品着蛋和焦糖的混合味道，还有一身健康的古铜色，想想都觉得美。"大利来记"咖啡室的猪扒包要赶在下午4点半之前，才有可能吃到

每天限量供应的500个猪扒包中的一个。店里的猪扒包是用老式柴炉烘制而成，猪扒也要事先用特殊的香料腌制，松过骨之后才能下油锅炸，难怪味道这么好。吃到最后，抬头看，满眼都是吃猪扒包的人，盛况空前。

乐"购"
Purchase

购一品牌天堂

近年来，随着大大小小的购物中心、名牌旗舰店扎堆而起，站在议事亭前地，挎着名牌购物袋的人流俨然成为澳门一道独特的风景线。在这里购物除了汇率更实在，也不用大排长龙，更不必担心最新限量款卖断货，澳门有足够的吸引力成为你心中首选的购物天堂。

✳ 壹号广场

2010年12月，澳门最新的旗舰商场——"壹号广场"又给澳门增添了新的活力。"旗舰商场"是什么概念？一般一家购物商场能有一两个品牌的旗舰店就已经很了不起了，但是壹号广场有多个国际大牌的旗舰店、全澳门最大专卖店或者进驻澳门的首家店，如"全球第八间LV旗舰店"落户壹号广场，当季最新款的LV手袋、眼镜、行李箱等足

以让每位女士疯狂，陈列设计充满艺术感，奢华程度让人叹为观止。其他诸如Hermès、Gucci、Burberry等国际时尚品牌纷纷进驻，开设复式及多层的尊贵店铺，让澳门足可媲美纽约、巴黎等时尚大都会。

✳ 威尼斯人大运河购物中心

铺满鹅卵石的街道、唱着醉人情歌的"贡多拉"船夫、色彩缤纷的威尼斯建筑及景色，设于澳门威尼斯人度假村酒店中央地带的大运河购物中心，不仅拥有优美的水城风韵，更汇集了超过350家世界名牌商店、餐厅和咖啡厅，可以说是澳门最大的购物商场。缓缓踱步威尼斯人大运河购物中心，抬头仰望偌大的天幕，配合电脑控制的灯光效果，仿佛看见日出日落时的云彩和天色。配合街道、运河、桥梁，令人犹如置身昔日水城。

✳ 永利澳门名店街

永利澳门酒店的地面层，拥有占地4.6万平方尺的名店街，众多精品店各据一方，只要是血拼族说得出的品牌，这里基本都有。最令人惊喜的是，法拉利全澳门唯一的专卖店也坐落于此。运动服、汽车模型和各种各样的收藏品在店内随处可见，更有一辆一级方程式赛车的复制品。不用说，这里绝对是赛车迷们最近的天堂！

乐游TIPS
Tour TIPS

·推荐理由·

　　"渔人码头"的概念源自欧美，代表的是一种欧陆怀旧式的休闲，一种港埠特有的文化。作为澳门第一个主题

先看右再看左，遵守交通规则。

＊ 住宿

　　澳门市中心地段，毗邻澳门历史城区，有很多酒店可以住宿，周围的交通极为方便。宾客可以透过特大落地玻璃窗，在最舒适的环境下眺览南湾湖、南中国海怡人的景色或饱览澳门秀丽的风光。南湾湖上每隔15分钟，美丽的

公园，一路走来，中国式的四合院和园林、人造火山、瀑布、希腊建筑和比萨斜塔、古战船、博物馆、餐厅、音乐广场、印度园林随着空间不停变换，时间也随之交错回转，岁末年初这里更有各式异域节庆活动，精彩纷呈。

＊ 交通

　　车辆均靠左行驶，与内地相反，过马路请

喷泉就会开始翩翩起舞，壮观景色令人感叹。

＊ 建议游览时间

2天

＊ 贴心提示

1. 机场、地铁站有多种地图及旅行指南免费索取，部分酒店也免费提供地图。

2. 出租车无论前后排必须系安全带；巴士无人售票，不设找零，请自备零钱。

大三巴牌坊

——仰望天 心坚定

▌浪漫元素：教堂祈祷、新旧城区闲逛

　　走过商铺林立的三巴街，拾级登上68级石阶，只见眼前耸立着一座高大雄伟的牌坊，这就是如今的澳门地标——大三巴牌坊。如今站在大三巴脚下，仰望它，感受着它的肃穆，心也变得坚定了。

气息，迎合了澳门本真的一面。教堂的圣像前有信徒围住教友，在牧师的带领下为他祈福，压得低低的哭泣声，让擦肩而过的人也心有戚戚焉。

乐"吃"
Eat

尝一异域美味

缺少美食相伴的旅程绝对称不上美好。多元文化熏陶下的澳门汇集了世界各地的美食，无论是大街上葡国餐厅里值得

乐"游"
Tour

观一座大教堂

顺着老城区的小街道一直向北，从酒店大堂拿来的澳门地图毫不费力地把你带到"大三巴"，大三巴之于澳门，就是长城对于北京的意义了，所以那里的人超级多，若是开车过去，必是要苦等一番车位。走路过去比开车的还要方便。阳光下的大三巴，比起早年在电影里看到的更添几分肃穆，与它埋葬天主教殉道者的身份更相称些。附近的炮台公园，就掩在榕树硕大的枝叶里，游人依旧如织。时值木棉花开，摄影爱好者支起三脚架对着盛开的木棉花猛拍，透过树的枝丫，亦能欣赏到澳门旧城区的景色，那拍出的张张照片应该是一番新旧夹杂的情绪。去大三巴沿途经过的大大小小的教堂，流动着当地生活

慢慢品尝的异域美味，还是小巷中老字号贩卖的透着浓情的传统小吃，澳门的味蕾之旅同样丰富多彩。

* 杏仁饼

澳门杏仁饼是从绿豆饼发展而来的，只因外观像杏仁，所以取名杏仁饼。澳门随处可见贩卖杏仁饼的店铺，其中以礼记饼家出品的杏仁饼最为著名，是澳门归来带给亲朋好友的最佳礼品。

* 葡式蛋挞

葡式蛋挞是澳门小吃中最著名的，它的原料简单，但烘焙技巧要求很高，所以深得食客的青睐。蛋挞底托为香酥的蛋酥层，其上层是松软的蛋黄层，酥软兼备，香甜可口。"玛嘉烈"蛋挞店是制作葡式蛋挞的鼻祖之一。

* 猪扒包

猪扒包是澳门特色小吃之一。用特殊香料腌制的带骨猪扒，口感一流，炸至松化香口，一啖之下，肉质鲜美爽甜，猪肉味浓而不油腻，配以用炭炉烤制的面包，外脆内软，令人回味无穷。其中以位于氹仔的"大利来记"咖啡室的猪扒包最为有名。

* 葡国菜

澳门葡国文化浓郁，正宗的葡国菜不能错过。"葡国鸡"是全套葡国菜的主菜，香味浓郁，鸡肉鲜嫩可口，一般与佐餐酒配合风味更佳。"马介休"是葡国人喜欢吃的一种咸鱼，它可以用煎、烧、

烤、煮等不同的方法烹调，无论用什么方法烹调，都会令人唇齿留香，回味无穷。

乐 "购"
Purchase

血拼一季

＊ 露天跳蚤市场

澳门最受欢迎的露天跳蚤市场位于大三巴牌坊附近。离开热闹的旅游景点，沿大三巴街转往草堆街，再向下走至下一条窄巷，沿途经过一些古玩店、裁缝店及其他小店铺后，便到达一个岔口。由岔口开始，小贩将他们的货物摆放在由碎石子铺就的路面上。在这里，你可以找到各种陶器、小雕像、历史纪念品和其他古旧物品。另一个露天市场在康公庙附近，位于十月初五街至海边新街之间，这一带是旧集市的中心。请准备一张地图，因为这一带比较难找，但又十分值得花点时间逛一逛。

＊ 服装街

议事亭前地是澳门的中心，附近有一座全澳门最现代化的市政街市，周围小贩

摊位林立。议事亭前地一带的小街内有出售各式各样便宜商品的店铺及各类中外小吃店。这附近以及白马行（伯多禄局长街）的"信达城"及"卖草地"的百达商场也可淘到款式新颖的服装、手表、饰品等。高士德大马路，由红街市起至松山脚的"二龙喉"花园止，也是一条购物街。其中有几家出售时装、鞋、电子产品、照相机的精品店。

＊ 免税店及名牌精品店

友谊大马路的置地广场和新"八佰伴"百货公司内有多家高级时装店，出售世界名牌服装及衬饰。在南湾花园附近、殷皇子大马路以及新马路上也汇集了一些名牌商店。另外，酒店里的商场，如葡京酒店等也是名牌汇聚的地方。除了名牌时装和衬饰外，在这些商店也可以买到免税的香水和化妆品、高级童装及便宜的电子产品等。

乐游TIPS
Tour TIPS

· 推荐理由 ·

澳门的象征，走在被日光晒得发烫的青石板路、巷子深处的民间美味、一座座深具异国风味的老建筑，那是澳门最淳朴的原始细节。

✳ 交通

自由行签证在澳门不能超过7天，可以经香港到澳门。拿一张地图，乘坐公共汽车，就可以走遍全澳门。

✳ 住宿

威尼斯人度假村酒店以威尼斯水乡为主题，内里充满威尼斯特色拱桥、小运河及石板路。由于澳门威尼斯人度假村酒店的概念是源于拉斯韦加斯威尼斯人度假村酒店，因此一直被视为后者的复制版，奢华的金粉气息与温馨的亲切感觉在这里相互融合，交织出澳门的灵魂。

✳ 建议游览时间

3天

✳ 贴心提示

澳门属亚热带气候，同时亦带有温带气候特性，年平均气温约20℃，全年温差变化在16℃~25℃。春、夏季潮湿多雨，秋、冬季的湿度相对较低且雨量较少。台风季节为5-10月，以7~9月最为频密。秋、冬季（10月~来年2月）是到澳门旅游的最佳时间。